비즈니스 코드

포스트 코로나 시대 기업의 조건

BUSINESS

비즈니스 코드

포스트 코로나 시대 기업의 조건

오정훈 지음

C O D E

프롬북스
frombooks

Prologue

포스트 코로나 시대가
두렵지 않은 기업이 되려면

1996년에 나는 공군 중위로 복무하고 있었다. 모 전투비행단의 보급대대 유류관리소장이 보직이었다. 보급대대는 전투비행단에서 필요한 물자를 관리하므로 재고 관리를 위해 숫자를 다루는 일이 당연했다. 군무원과 부사관들이 품목별 담당자가 되어 물자가 들고 나는 것에 따라 전표를 작성해야 했다. 숫자 계산은 대부분 전자계산기를 사용했고 나이 많은 이들은 아직도 주판을 이용했다. 지금 사람들은 이해하기 힘든 근무환경이었다.

대대장이 바뀌고 얼마 지나지 않았을 때 보고해야 할 일이 있었다. 엑셀 프로그램의 표계산을 활용해 보고서를 작성했다. 보고를 마칠 무렵 엑셀 프로그램의 장점을 설명하고 앞으로는 계산기나 주판 대신 사용하면 업무 효율과 정확성이 올라갈 것이라고 건의했다. 그때

돌아온 대대장의 대답이 나를 실망하게 했다. "표계산이 맞는지 전자계산기로 다시 확인해보라"는 것이었다. 그 표는 복잡한 함수를 사용한 것도 아니고 가로세로 셀의 숫자를 더했을 뿐이었다. 대대장은 엑셀 프로그램보다는 익숙한 전자계산기를 더 신뢰하고 있었고 일처리에 변화를 주는 것을 주저했다.

당시에는 업무를 위해 군부대에 컴퓨터 보급을 빠르게 늘려가는 시기였다. 엑셀, 파워포인트 등의 활용 경진대회도 열면서 업무 개선을 유도했지만 대부분의 컴퓨터는 한글 프로그램을 이용한 문서 작성에 주로 사용되고 있었다. 컴퓨터는 타자기 대체품에 불과했다. 컴퓨터가 가진 장점을 활용하면 업무가 훨씬 수월하고 정확했을 텐데 하는 아쉬움이 크게 남는다. 비용을 들여 애써 보급한 컴퓨터가 제 역할을 다하지 못하고 낭비되고 있었다. 이 일이 있고 난 뒤 나는 절대 군복무를 오래하지 않고 전역하기로 마음먹었다.

기업은 업무 효율을 높이고 경쟁력을 키우기 위해 변화를 거친다. 모든 변화가 회사 전체에 확산되지 못하고 전 직원이 공유하지 못한다면 그동안 애쓴 노력은 허사가 된다. 변화의 과정과 결과물은 제값을 인정받고 활용되어야 한다.

변화는 프로세스 개선으로 이어져야 한다. 아무리 좋은 제도와 업무 방법을 만들어냈더라도 프로세스 개선으로 이어지지 않으면 허상과 구호에 그치고 만다. 조직이 변화를 주도한 사람과 그 과정을 지켜보는 사람으로 나뉠 뿐이다. 변화의 과정과 이후 시간이 모두 낭비로 남게 된다. 아무리 좋은 제품을 개발하고 성능을 개선했더라도 제조로 이어지지 않는다면 무슨 의미가 있을까? 서비스를 혁신해서 고객으로부터 좋은 반응을 얻기 위한 만반의 준비를 마쳤더라도 실행이 따르지 않으면 무슨 소용이 있는가?

제품을 생산해야 하고, 서비스를 실행해야 한다. 비즈니스의 혁신은 새로운 프로세스가 되어 조직 전체가 실천해야 한다. 좋은 제품을 개발하고 업무를 혁신할 방법을 찾았다는 데서 만족하고 말면 빛좋은 개살구에 지나지 않는다. 막대한 예산이 들어간 군부대 컴퓨터가 업무에 활용되지 못하는 것과 기업이 변화를 현업에 적용하지 못하는 것에 무슨 차이가 있을까? 프로세스를 개선하고 실행에 옮겼을 때 변화와 혁신은 빛을 발한다. 실행하지 않는 변화와 혁신으로는 기업은 절대 성장하지 못하고 경쟁력을 키울 수 없다. 모두가 공감하고 실천하는 프로세스로 자리 잡았을 때 변화와 혁신이 완성된다.

ISO 경영시스템을 매개로 많은 기업을 만나고 있다. 때로는 기업을 위해 가진 것을 내놓기도 하지만, 다양한 기업을 만나서 내게 부족한 경험을 채우기도 한다. 기업에 진심으로 다가가고자 하는 마음이 얼마나 전달되었을지 궁금하다. ISO 경영시스템이 담고 있는 가치와 힘을 전하려 하는 데 모든 기업에 충분하지 못했다는 점을 인정한다. 그럼에도 내가 만난 기업은 변화와 혁신의 동력을 끝까지 놓지 않을 것을 기대하고 당부한다. 특히 코로나19 이전의 상황이 다시 돌아오지 않을 것을 예상하며 포스트 코로나 시대를 준비하는 기업들에 애툿함과 격려를 보내고 싶다.

일일이 찾아가서 손 붙잡고 다 말할 수 없는 아쉬움을 담기 위해 부족한 글솜씨를 가지고 책을 쓴다. 기업에서 미처 다 전하지 못했던 내용을 보완하기 위해 최선을 다했다. 이 책은 ISO 9001 품질경영시스템 요구사항의 키워드를 기업이 쉽게 이해하고 실천할 수 있기를 바라는 마음을 담고 있다. 1장부터 3장은 기업이 PDCA를 실천하기 위해 먼저 돌아보아야 할 내부와 외부의 환경을 이해하는 내용을 담았다. 4장은 계획(Plan), 5장과 6장은 실행(Do), 7장은 검토(Check), 8장은 개선(Act)를 담았다. 중간중간에 PDCA를 실천하기 위해 리더가 실행해야 할 덕목을 제시했다. (여러 기업의 자랑스러운 사례와 숨기고 싶은 사례를 다루면서 회사의 이름을 이니셜로 처리했다. 해당 기업과 독자 여러분의 양해를 구한다.) 생소할 수도 있고, 우리 회사와는 맞지 않는다고 덮어버리고 싶은 심정도 있을 것이다. 갈수록 치열해지는 경쟁 환경, 4차 산업의 혁명적인 시대를 극복하기 위해 시작하는 동기가 되기를 바란다. 포스트 코로나 시대를 준비하는 기업들의 건승을 기대하면서…….

오정훈

차례

1부 PLANNING + DOING CODE

1장
변화하지 않는 기업에
밝은 미래는 없다

  모든 기업은 계속 성장하기를 꿈꾼다. 역경도 겪지 않고 승승장구하고 싶어 한다. 세상은 그렇게 만만하지 않다고 하지만 모든 일이 남의 일이기를 바란다. 작게 시작해서 오직 두 주먹과 굵은 땀만으로 기업을 일구며 가파르게 성장했다. 잠 안 자고 뭐든 아껴가며 회사를 키웠다. 이렇게 성공한 대표이사는 자수성가한 여정에 자부심이 강하다. 회식 때마다 술이 거나하게 들어가면 젊음을 바쳐온 과거를 자랑한다.

  기업이 커질수록 어려움도 크게 다가온다. 크게 성공하면 실패했을 때 충격이 더 크기 때문에 성장을 거부하는 경영자가 있을까? 그저 그런 일이 생기지 않기를 바랄 뿐 뚜렷한 대책이 없다. 애벌레는 때가 되면 온몸에 실을 감고 긴 잠을 잔다. 딱딱한 껍질 안에서 변화의 시간을 마치고 스스로 뚫고 나와야 한다. 못생긴 애벌레는 예쁜 나비로 거듭나서 꽃들 사이를 날아다닌다. 애벌레처럼 볼품없던 회사는 스스로 노력해서 변모해야 나비같이 화려한 기업이 될 수 있다. 기업은 변화하지 않고 애벌레 모습으로 영원히 존재할 수 없다. 거대한 애벌레가 되는 것이 아니라 그렇게 애벌레로만 살다 죽을 뿐이다.

성장을 거듭하고 성공을 거둔 회사들도 처음에는 이런 모습이었다. 하지만 성장해온 과정에는 뚜렷한 이유가 있다. 밖에서 보기에는 하는 일마다 다 잘되는 것 같다. 기업이 성장하기 위해서는 성장할 수 있는 기반부터 마련해야 한다. 비록 볼품없는 모습일지라도 지금 시작해야 한다. 나중으로 미루다가 시기를 놓치면 값비싼 대가를 치른다는 사실을 기억하자.

리더는 없고 사장만 있는 기업

아들은 매주 한 번씩 농구클럽에서 친구들과 함께 두 시간 정도 수업을 받고 훈련을 한다. 엘리트 선수로 키우기 위해서가 아니라 취미로 운동하면서 친구들을 사귀라는 뜻에서 4년째 보내고 있다. 가만보면 아들 친구들 사이에서 팀을 이끌어가는 아이가 있다. 주장이라고 뽑아준 적도 없고 코치가 임명하지도 않았는데 게임을 리드하고수업 외에 운동장에 모여 연습을 주도하고 있다.

엄마들 사이에서도 모임을 이끌어가는 분이 있다. 나이는 엄마들

중에서 가장 어린데 모임을 만들어 시합 때 아이들에게 줄 음식과 음료수를 정하고 조달하는 일에 열성을 보인다. 게임에서 지고 있을 때도 쉬지 않고 목청껏 응원을 이끌어서 아이들에게 힘을 실어준다. 그분은 아이들에게 해주는 모든 것이 기분 좋아서 하는 일이고, 엄마들이 따라와주기만 하면 무엇이든 다 하겠다고 한다. 이 팀의 아이들과 엄마들 모두 고마워하며 군말 없이 잘 따른다. 엄마들은 게임이 끝나면 내 아이 네 아이 가리지 않고 먹을 것과 음료수를 챙겨주고 시시때때로 집을 개방해서 열 명의 아이를 먹이는 일을 즐겨한다. 그분 덕분에 아이들과 엄마들이 불평하지 않고 한결같이 팀을 유지하고 있다. 어느 조직에서나 이런 사람이 리더로 인정받는다.

크든 작든 조직에는 리더가 있다. 국가와 자치단체가 그렇고, 전문가 집단과 친목 모임도 마찬가지이다. 투표나 임명 등의 절차보다는 조직을 구성하는 사람들이 리더로 인정하고 따를 때 비로소 리더가 된다. 기업마다 경영을 책임지는 리더가 있다. 회사는 외형상 이사회에서 선출하지만, 실상은 최대 주주가 총수로서 스스로 리더가 되는 경우가 대부분이다. 스스로 최고 위치에 오르는 순간 임직원들로부터 존중과 권위가 주어지는 것이 아니다. 구성원들에게 인정받아야 진정한 리더가 된다. 대통령이나 지방자치단체장, 단체의 수장은 구성원들이 선출해서 리더로 인정하지만, 회사의 대표는 셀프로 리더가 된 후에 그들로부터 인정받는 과정을 거친다.

회사의 최고경영자는 리더십을 발휘해서 임직원들을 이끌고 그들과 함께 성과를 만들어가면서 리더로 인정받게 된다. 이 글을 읽는 독자가 회사 사장이라면 이 말에 공감하지 않을 수도 있다. '내가 어떻게 해서 이 자리에 올랐는데 직원들에게 인정을 받아야 한다는 말인가? 사장인 내가 인정한 사람만 우리 회사에 다닐 수 있고, 내 권위를 무시하는 사람은 내칠 힘이 있지 않은가?' 겉으로 보기에는 맞는 말일 수 있지만 이런 리더십으로 어떤 성과를 거둘 수 있을지는 냉철하게 생각해보길 바란다. 직원들에게 인정받기 위해 굽신거려야 한다는 말은 더더욱 아니다. 조직을 이끌어서 시스템을 확고하게 세우고 실행하는 참다운 리더가 되어야 한다. 성과와 성장을 거듭해서 만들어낼 수 있는 리더십이 있어야 한다.

헤드헌터를 하는 동안에 만난 J사의 인사팀장이 어느 날 하소연을 쏟아냈다. 어떤 장단에 맞추어 일해야 할지 몰라 너무 힘들다는 것이었다. 사장의 승인을 받았지만 번번이 회장의 문턱을 넘지 못한다고 한다. 실제 그 회사에 추천한 사람들이 면접을 잘 치르고 좋은 말을 듣고 나왔지만 최종 입사가 안 되는 일이 반복되었다. 일흔을 훌쩍 넘긴 회장은 미국에서 공부를 마치고 현지에 취업한 아들을 불러들여 사장 자리에 앉히고 기업 승계를 준비했다. 1년 후 회장은 사장에게 거의 모든 권한을 넘겨주었다. 세대와 경험해온 기업문화가 다른 부자 사이에 이견이 없지는 않았지만, 회장은 사장을 믿고 있었다.

문제는 회장과 오랜 세월을 함께한 임원진으로부터 나왔다. 사장을 새로운 리더로 받아들이지 않고 모든 일을 회장과 직접 상의하며 사장을 건너뛰는 일이 잦아졌다. 심지어는 회장에게 사장의 결정을 뒤집도록 부추겨서 실제로 무산되는 일이 늘어났다. 채용 문제도 사장이 결정한 입사를 회장이 몇 사람이나 승인하지 않아 인사팀장이 힘들어하는 상황이었다. 인사팀장뿐만 아니라 다른 직원들도 같은 고충을 겪고 있었다. 리더십이 회장으로부터 사장에게 넘어갔는데 뒤늦게 흔들리고 있다. 직원들은 회사의 리더가 없다고 느꼈다. 누가 중요한 일을 결정하고 미래를 책임질 수 있을까? 직원들의 존경과 믿음은 누구에게 향해야 할까? 리더가 있는 것처럼 보이지만 누구도 리더가 아니다.

기업에는 리더인 최고경영자가 있다. 리더가 있다고 해서 당연히 리더십이 있는 것은 아니다. 리더십이 있고 정상적으로 작동할 때 기업에 리더가 있다고 당당히 말할 수 있다. 리더가 리더십을 세우고, 리더십이 리더를 세운다. 리더의 리더십은 기업의 흥망을 좌우한다. 리더가 확고하게 자리 잡고 리더십을 세워서 기업이 살아 움직이게 만들어야 한다. 기업의 생명은 리더의 손에 달려 있고, 리더의 생명은 리더십에 달려있다.

모순투성이 리더십

공군장교로 군생활을 했다. 군대는 리더가 명확한 집단이다. 유명한 중견기업과 중소기업을 거치며 직장생활을 했다. 기업 또한 리더가 뚜렷한 조직이다. 직업상 여러 기업을 상대하면서 발견한 리더십의 모습은 '모순矛盾'이다. 모순이라는 단어는 긍정보다는 바람직하지 않은 뜻으로 많이 사용되고 있다. 앞뒤가 맞지 않는 가치관으로 회사를 이끌어야 한다는 의미가 아니다. 어느 한 부분에 치우치지 않고 다양한 상황과 다양한 생각을 다룰 수 있는 리더십이 필요한 것이다. 두 얼굴을 가진 무서운 사람으로 순간순간 변해야 한다는 뜻도 아니다. 어느 한 모습을 고집하지 말고 때로는 자기 고집을 내려놓고서 최선의 것을 추구해야 한다. 상반되는 두 개념의 장점을 모두 사용하는 리더십이 필요하다는 뜻이다.

리더는 아침에 결정하고 저녁 때 뒤집을 수 있어야 한다. 조변석개 朝變夕改하듯 조직에 혼란을 주라는 뜻이 아니다. 항상 올바른 판단만할 수 없기에 뒤돌아서서 자신의 오류를 인정할 줄 알아야 한다. 현대사회는 매우 빠르게 상황이 변하고 있기 때문에 흐름을 잘 읽고 그에 맞는 대처를 해야 한다. 4차 산업혁명과 코로나19로 이전과는 전혀 다른 상황이 펼쳐지고 있는 현실을 잘 읽어내야 한다.

강한 카리스마와 부드러움을 동시에 가지고 있어야 한다. 옳고 정당한 일, 반드시 실행해야 하는 업무에는 물러서지 않고 나아가야 한다. 그 뒤에 힘겨워하거나 혹시 부당한 대우를 당하는 직원이 있다면 다독여서 소외된다는 느낌을 떨치고 같이 힘을 합치게 해야 한다. 회사에서 달성하고자 하는 목표는 모두의 힘이 필요하기 때문이다.

이순신 장군은 군율을 엄격하게 적용한 장수로 유명하다. 전투가 무서워 도망한 군사, 군량미를 빼돌린 군사, 무기와 군선 관리를 소홀히 한 군사 등을 많은 이들 앞에서 처형해 군율을 엄중하게 세웠다. 육군이 전투에서 연전연패하고 전세가 절대 유리하지 않은 전쟁 상황에서 반드시 이겨야 하기에 흐트러진 전열을 가다듬기 위해 내린 고육책이다. 기록에 따르면 수많은 군사가 처형되었다고 한다. 엄격한 카리스마 뒤에는 군사들과 백성을 위하는 따뜻한 마음을 간직하고 있었다. 한번은 어린 자식을 위해 군량미 한 말을 훔친 군사들을 군율로써 처형했다. 군령을 세워 전장에서 이기기 위해 그런 결정을 했지만, 마음 한편이 아파오는 본성은 어찌할 수 없었나보다. 가족들에게는 전장에서 전사했다고 전하고 훔친 군량미를 전달하라고 지시했다. 강한 지휘력뿐 아니라 따뜻한 마음이 불리한 전세에서 군사들의 사기를 올리고 승리를 거듭한 원동력이 되었다.

리더는 언변과 경청이 필요하다. 리더는 말이 필요하다. 침묵으로는 어떤 지시와 결정사항을 전달할 수 없다. 말을 잘한다는 것은 많이 한다는 것이 아니라 의사를 정확하게 전달한다는 의미이다. 구체적이고 정확하게 표현해야 원하는 결과를 얻을 수 있기 때문이다. 여러 부서와 직원들의 목소리에 귀 기울여야 한다. 그들의 말은 일어나는 사실을 기반으로 하고 있기 때문이다. 귀 기울여 들어주지 않는 리더에게 직원들은 입을 다물게 된다. 아무리 현명한 리더라도 상황을 정확하게 알고 있지 않다면 정확한 판단을 할 수 없다. 유능한 장수는 최일선의 상황을 알고 있는 척후병의 말을 전적으로 신뢰한다.

잘 만들고 쉽게 파괴할 수 있는 모습도 리더에게 필요하다. 리더는 시스템을 만들고 프로세스와 조직을 구성해야 한다. 공장을 세워 신제품을 만들고 판매망을 넓혀야 한다. 매출과 이익을 높이기 위한 기본을 잘 세우는 것이 리더가 반드시 공들여야 하는 일이다. 무너뜨리고 부숴버리는 일도 잘해야 한다. 시스템과 프로세스를 과감하게 파괴할 때 새로운 모습으로 거듭날 수 있다. 오랫동안 회사를 먹여살린 주력상품에 치명적인 결함이 있거나 경쟁력을 잃었다면 눈물을 머금고 철수해야 한다. 미적거리다 더 큰 위기를 맞는 사례들이 사회가 발전할수록 더 많이 늘어나고 있다. 고장이 잦은 설비는 빨리 폐기하고 교체하면 오히려 더 이득이 된다. 위험한 건물을 철거하고 튼튼한 건물을 다시 세웠을 때 그 안에서 더 많은 일을 하고 더 많은 성과를 올릴 수 있는 장이 열린다.

 사람을 따뜻하게 끌어안아야 하며 매정하게 내쳐야 한다. 리더는 사람들에게 먼저 다가가야 하지만 적당한 거리도 두어야 한다. 직원들의 단점보다는 장점을 보고 그 능력을 인정해주는 것이 먼저 다가가서 끌어안는 모습이다. 대부분의 직원은 자신의 능력과 장점을 끊임없이 드러내려 하지는 않는다. 조용히 일하는 모습과 결과물로 보여준다. 직원의 장점을 발견하고 먼저 다가가서 인정해주는 말 한마디가 사기를 올리고 충성심을 끌어낸다. 최선을 다했는데 좋은 결과가 나오지 않았다면 진심을 알아주고 결과에 대한 책임은 미뤄둘 줄도 알아야 한다. 악의를 가지고 회사에 해를 끼친 직원이라면 해고를 해서라도 더 이상의 손해를 막아야 할 것이다. 직원들과 회사 내에 올바른 사인을 주게 된다. 내친다는 것이 직원을 해고하라는 의미만은 아니다. 잘못된 문화와 관행을 절대 용인하지 않고 근절하는 것이다. 듣기 좋은 말만 하고 리더의 눈을 가려 조직 분위기를 헤치는 사람이 있다면 냉철하게 판단해서 가려낼 줄도 알아야 한다. 주색에 빠진 연산군은 아첨하며 단물을 빠는 간신들만 곁에 두었고, 이승만 대통령이 하야하는 날까지 그 곁에는 판단을 흐리게 하는 참모와 측근 정치인들이 끊이지 않았다는 점을 타산지석으로 삼아야 한다.

리더는 화합을 추구하지만 경쟁을 유도하기도 한다. 좋은 성과를 내는 스포츠팀은 팀워크와 자율경쟁이 당연하게 여겨진다. 팀워크는 시합에서 팀이 가지고 있는 모든 능력치를 끌어내고 그 이상의 결과를 얻게 한다. 경쟁이 없다면 선수 개개인의 실력은 정체되고 팀의 실력도 머무르거나 뒤처지게 된다. 회사도 마찬가지다. 부서와 부서 간에, 직원과 직원 간에 갈등하거나 대립하면 배가 산으로 간다. 서로 싸우다가 아무것도 할 수 없다. 리더는 골치 아픈 상황을 빨리 끝내고 그들이 가지고 있는 능력을 발휘할 수 있도록 바꿔주어야 한다. 좋은 게 좋다고 문제마다 눈 감고 넘어가는 상황도 없어야 한다. 해결해야 할 어떤 문제도 없다면 생각이 정체되어 해결하고 발전하는 능력을 키울 수 없다. 회사는 늘 그렇게 흘러가고 직원들의 성장은 멈추고 만다. 운동선수들은 포지션 하나를 두고 여럿이 경쟁하며 실력을 쌓고, 그중 가장 우수한 선수가 그 자리를 차지한다. 경쟁하는 분위기도 만들어서 실력을 갖춘 직원을 더 많이 키워 더 많은 일을 해내는 것이 정상적인 회사의 모습이다.

조직을 장악하면서 자율도 보장해야 한다. 리더는 회사 내 업무와 부서를 잘 이해하고 직원들의 능력을 파악하고 있어야 한다. 문제가 생기면 원인을 파악하고 해결책을 지시해서 처리해야 한다. 모두는 아니더라도 중요한 사안은 리더가 늘 관심을 두고 진행되는 과정을 파악하고 있어야 한다. 어느 부서, 어느 직원 하나라도 다른 생각을 갖지 못하게 해야 한다. 리더는 회사의 모든 상황과 사정을 꿰고 있더라도 매사에 모두 관여하고 시시콜콜 간섭하지는 말아야 한다. 리더의 지시로 일사불란하게 움직이는 것도 좋지만 그전에 직원들이 스스로 판단하고 문제를 해결하는 것이 더 바람직하다. 자율과 창의력을 인정할 때 직원들은 더 나은 방향을 찾고 능력을 키우게 된다.

모순된 리더가 되어야 한다. 어떤 서적, 어떤 전문가도 모순된 리더십을 말하지는 않는다. 누군가는 카리스마 있는 리더십을 가지라고 하고, 다른 누군가는 어머니와 같은 리더십을 가지라고 한다. 모두 맞는 말이다. 혼란을 겪거나 둘 중 하나만 선택할 필요는 없다. 여기까지 읽은 독자라면 무엇을 말하는지 알게 되었을 것이다. 한 가지 가치만 추구하는 것은 반쪽짜리 리더십이고 한쪽 다리로만 걸어가는 리더는 원하는 목표에 절반도 미치지 못할 수 있다. 다양한 사람과 복잡한 현실이 공존하는 회사의 리더십이 바로 섰을 때 기업을 올바른 방향으로 이끌 수 있다. 바른 리더십을 바탕에서 많은 것을 할 수 있고 높은 곳에 이를 수 있다.

리더 되기 참 힘들다. 리더 역할 하기는 더 힘들다. 리더로서 조직을 이끌어 원하는 목표를 달성하는 것은 그보다 더 어렵다. 그러나 리더가 중심을 잡고 바로 서지 못하면 어떤 것도 이루지 못한다. 상반되는 두 가지 가치 중에서 우왕좌왕하지 않고 하나를 선택하는 것만이 중심을 잡는 것은 아니다. 양손에 창과 방패를 같이 들고 싸우는 군사가 자신의 생명을 보호하면서 상대를 제압하는 전투력이 더 높다.

무엇이 기업을 움직이는가

어릴 적 동네에는 꿀벌이 많았다. 봄에 꽃이 피면 마을로 벌통 수십 개를 가져와서 한철을 지내는 사람도 있었다. 아랫집도 벌통을 여러 개 가지고 있었다. 아저씨가 벌통에서 꿀이 담긴 틀을 꺼내 채밀기에 넣고 돌려 꿀을 병에 담는 모습을 볼 기회가 있었다. 벌통 안에는 작은 꿀벌들이 윙윙 소리를 내며 바삐 움직이고 있었다. 우리가 꽃에서 본 귀여운 일벌들도 있고, 그보다 조금 더 큰 수벌들도 있다. 몸집이 더 크고 다른 모습을 한 여왕벌의 움직임과 하얀 막이 쳐진 구멍 안에서 꿈틀거리는 애벌레의 모습도 볼 수 있었다.

작은 벌통 안에는 그들만의 규칙과 생활이 있다. 누구의 지시도 없이 각자에게 주어진 역할에 따라 움직인다. 벌통 안은 한 집단이 모여 사는 사회이다. 그 사회는 가장 좋은 방식으로 유지되면서 돌아가고 있다. 무엇이 꿀벌사회를 유지하게 하는 것일까? 꿀벌의 분업 시스템이다. 절대 강자가 무력으로 지배하지 않는다. 꿀벌 사회를 유지하고 운영하기에 가장 적합한 시스템이 있기에 가능하다.

세상에는 온갖 시스템이 각 분야에서 제 역할을 다하고 있다. 전산시스템, 물류시스템, 경영정보시스템, 통합지원시스템, 예약시스템, 주차시스템, 조회시스템, 정보공유시스템…… 심지어 내가 재직했던 회사에서는 주방가구를 '시스템키친'이라 했다. 시스템을 빼고는 어느 조직, 어떤 제도 하나라도 제구실을 못 할 것 같다. 사회 구석구석 모든 영역에 시스템이 미치지 않는 곳이 없다.

전 세계가 코로나19라는 바이러스에 무너졌다. 모든 나라가 이 바이러스와 전쟁을 치르고 있다. 언제 끝날지 모르는 싸움에서 효과적이고 효율적으로 대처해서 자국민의 안전을 확보하기 위해 안간힘을 쓰고 있다. 우리나라는 비교적 초기에 한 종교집단에서 시작된 대량 확진 사태를 맞게 되었다. 연일 수백 명의 확진자가 나오고 사망자도 속출했다. 심지어 병원 치료를 기다리다가 사망한 사례까지 나오게 되었다. 기존의 제도와 방법으로는 급증하는 환자와 무너지는 국민 생활을 감당할 수 없는 상황에 이르고 말았다.

  정부와 의료계는 한 번도 경험해보지 못한 새로운 감염병 대응 시스템을 만들어나갔다. 강력한 사회적 거리두기를 시행하면서 학교와 종교시설까지 문을 닫아 사람들이 모이지 못하도록 통제했다. 중국 우한에서 돌아온 교민들을 국가 시설에서 2주간 격리해 지역감염이 발생하지 않게 했다. 병원 시설로는 급증하는 환자를 감당할 수 없게 되자 생활치료 시설을 확보해서 경증환자를 담당하게 했다. 마스크 가격이 오르고 국민들이 살 수 없게 되자 정부는 수출을 금지하고 생산량을 늘려 전국 약국에서 요일제로 공적마스크를 살 수 있게 했다. 정부와 지방자치단체는 생활이 어려워진 국민에게 신용카드와 지역화폐를 이용해 긴급생계자금을 지급했다. 학교는 온라인 개학을 거쳐 학년별로 순차적으로 등교하게 해서 수업을 이어갈 수 있었다. 시행착오를 거쳤지만 강력한 감염병 시대를 대처하는 시스템을 어떤 나라보다 빠르고 효과적으로 만들고 정착시켜서 상황을 안정시켰고 세계적으로 인정받는 나라가 되었다. 선진국이라 여겼던 많은 나라가 코로나19에 대처하는 시스템이 없거나 만들지 못해 국민들의 신뢰를 잃어가고 있는 모습을 보며 우리나라는 안도할 수 있었다.

시스템이 얼마나 큰 힘을 발휘할 수 있는지를 보여준 사례다. 시스템은 일사불란하고 물 흐르듯 체계적으로 움직인다. 우왕좌왕할 틈이 없이 자연스러운 움직임이 몸에 배어 있다. 국가, 군대, 공공기관, 학교, 병원이 모두 제 기능을 수행하기 위해 가장 적합한 시스템을 갖추고 있다. 우리가 아는 좋은 기업들은 가장 적합한 시스템을 만들어 실행하면서 효율과 효과를 올리고 있다. 시스템이 곧 기업의 능력이자 힘이라 할 수 있다.

기업은 겉으로 드러나지 않는 내공을 가지고 있을 수 있고, 화려한 가면 뒤에 숨겨진 부끄러운 민낯이 있는 경우도 많다. 기업의 내공과 민낯을 알아볼 수 있는 척도는 시스템이다. 시스템을 갖추고 각 부서와 기능이 유기적으로 움직이는 조직인지, 최고경영자의 감에 따른 판단으로 움직이는 조직인지로 기업을 나눌 수 있다. 전체가 한몸처럼 움직이는 기업과 절대권력을 가진 한 사람에 의해 운영되는 기업 중에서 더 바람직한 모습은 어떤 것인가? 이 물음에 시스템으로 경영하는 기업을 선택하는 것은 자연스럽다. 시스템은 힘을 가지고 있다. 여러 부분이 한몸처럼 움직일 때 힘은 커지고 그 힘이 의도대로 작동한다. 꿀벌사회를 작동하는 힘, 예기치 못한 감염병에 대처하는 힘이 시스템에 있다.

기업의 한계를 극복하는 최상의 경영 도구

영화 〈안시성〉의 한 장면을 떠올려본다. 안시성의 성주 양만춘은 군민軍民을 모두 거느리고 안시성을 함락하려는 당나라 군사에 맞서 싸운다. 전투가 길어지자 어느 순간 많은 당나라 군사가 성 위로 올라오게 된다. 성 위에서 싸우는 동안 아군의 피해가 늘어난다. 수적으로 열세인 고구려군이 위태로운 상황이다. 이때 양만춘은 군사들에게 "밀집대형"을 외친다. 고구려 군사들은 순식간에 싸우던 자리에서 방패를 앞에 들고 어깨와 어깨를 촘촘히 밀착해서 당나라 군사들 앞을 가로막는다. 양만춘은 고구려 군사들에게 전진을 명한다. 성 위에 오른 당나라 군사들은 고구려 군사들이 큰 벽을 만들어 밀어붙이자 속수무책으로 뒤로 밀리다 성벽 아래로 떨어지고 만다. 성 위에 올라온 당나라 군사를 모두 떨어뜨리자 그날의 전투가 끝난다. 고구려 군사들이 일사불란하게 벽을 만들고 밀어붙이는 모습은 오랫동안 가다듬어 익힌 전투 시스템이다. 자신의 위치에서 연습한 대로 자리를 잡고 조그마한 틈도 내주지 않는 행동이 익숙하다. 다시 명령을 내리자 온 힘을 다해 밀어붙여 전투를 승리로 이끈다. 모든 군사가 승리할 수 있는 시스템을 갖추었기 때문에 성을 함락당할 위기에서 벗어나 승리한 것이다. 시스템이 승리를 이끌었다.

기업은 어떤 조직보다 시스템이 필요한 조직이다. 작은 규모로 시작하는 기업이라면 능력 있는 최고경영자의 판단에 따라 빠르게 움직이는 것이 효율과 효과 면에서 더 나아 보일 수도 있다. 회사가 어느 정도 궤도에 오르면 인원이 늘어나고 회사가 담당해야 할 기능이 많아진다. 매출이 증가하고 고객이 늘어나면 다양한 요구와 많은 변수가 생기기 마련이다. 이제 최고경영자 혼자의 판단으로는 감당할 수 없는 시기가 오게 된다. 모든 것을 한 사람의 개인기로 헤쳐 나가기에는 한계가 있을 수밖에 없다. 한계를 뛰어넘고 일사불란하게 대처하기 위한 최상의 도구가 경영시스템이다. 시스템으로 누릴 수 있는 장점을 살펴보자.

첫째, 의사결정이 쉬워진다. 새로운 프로젝트를 수행할 때 회사 전체 시스템 중 어디에 해당하는지 판단하기 수월하다. 해결해야 할 문제가 갑자기 생길 때도 문제의 핵심이 무엇인지 정의를 내리기 쉽다. 시스템 안에서 누가 일을 책임지고 완수할 것인지, 어떻게 처리할 것인지 고민이 필요 없다. 그런 경험이 쌓이게 되면 문제를 해결하는 데 필요한 지원을 결정하기 쉽고 걸리는 시간을 예측하는 것도 가능하다.

둘째, 결정된 내용을 빠르게 실행할 수 있다. 의사결정이 빠르기 때문에 바로 착수할 수 있다. 시스템 안에서 일을 막힘없이 진행하면서 경영진과 실무진 간에 믿음이 생긴다. 그 믿음에 답하는 과정을 거듭하면 새로운 일처리 시스템이 자연스럽게 만들어지고 업무를 수행하는 능력이 더 좋아지는 선순환이 생겨난다.

셋째, 부서 간 협업이 잘 이루어진다. 회사에서 수행하는 일들 중에 어느 한 사람, 어느 한 부서에서 전담하는 경우는 많지 않다. 시스템 안에서 정해진 대로 관련되는 부서 간에 협력하며 업무처리를 수행한다. 시스템이 갖추어져 있지 않은 기업은 일을 떠넘기거나 맡지 않으려고 저항하지만, 경영시스템을 운영하는 기업은 핑계나 불협화음이 없다.

넷째, 막힌 곳을 찾아 해결하기가 용이하다. 시스템이 잘 갖추어진 기업이라도 1년 내내 모든 일을 물 흐르듯 처리할 수는 없다. 크고 작은 문제가 발생할 수 있고 해결하는 과정이 더딜 수도 있다. 시스템이 갖추어져 있지 않다면 원인이 무엇이고 어느 부문이 문제인지 파악하기 어렵다. 마치 하수도가 막혔는데 어디서 막혔는지 찾지 못해 뚫지 못하는 상황이 된다. 경영시스템이 갖추어진 기업은 문제 원인과 책임소재 파악이 분명하고 해결책을 찾기 쉬워진다.

회사 곳곳에서 문제가 생길 때 이 문제를 체계 있게 해결하지 못하면 업무를 진행하는 속도가 느려진다. 서로가 책임을 회피하고 리더는 우왕좌왕하며 결정을 내리지 못한다. 적절한 대처가 이루어지지 않으면 여전히 답답한 시간이 흐르고 비용은 소모된다. 이런 구조적인 문제를 해결하는 가장 유용한 도구가 경영시스템이다. 시스템이 갖추어진 기업은 이런 장점을 바탕으로 성장이 빠르다. 시스템은 원인을 파악하고 대안을 적기에 제시하며 실행을 결정한다. 적절한 해결책을 찾아 여러 부서가 함께 힘을 합해서 수월하게 해결할 수 있다. 이렇게 대응하는 과정에서 실력과 역량도 쌓인다. 직원 개개인의 역량이 올라가고, 개인역량이 모여 회사의 능력과 힘을 키운다. 시너지가 발생하여 성장에 가속도가 붙는다.

어릴 적에는 꿈이 많았다. 축구선수가 되고 싶었다가 선생님도 되고 싶었다. 나이가 들어가면서 꿈은 조금씩 작아지다가 현실 앞에서 그 꿈을 놓고 말았다. 꿈을 잃어버렸다고 잘못 사는 것인지 가끔 생각한다. 어느 때부터인가 꿈 대신 어떻게 살 것인지를 이야기하고 있다. 기업을 도와줄 수 있는 능력을 키우고, 기업을 도와주면서 살고 싶다. 가치 있고 의미 있는 삶을 살고 싶다. 꿈보다 비전에 충실하다. 비전이 생기니 삶의 방향이 결정되었다. 방향이 이끄는 대로 길을 가고 있다. 그 길의 과정과 끝은 기업과 함께할 것이다.

기업은 비전이 있어야 한다. 비전은 목표를 향해 나아가는 방향이다. 그 안에 가치관과 철학뿐만 아니라 미래의 모습까지 담고 있다. 기업이 비전을 확고하게 세워놓으면 흔들림 없이 나아갈 수 있다. 비전이 있는 기업은 목표를 향한 길을 멈추지 않을 수 있다. 리더는 비전을 제시하는 사람이다. 직원을 위해, 회사를 위해 비전을 제시해야 한다. 어제와 같은 오늘을 사는 리더는 그를 따르는 사람에게 내일을 보여줄 수 없다. 내일을 보지 못하는 직원에게 회사란 어떤 의미일까? 오늘과 다르지 않은 내일이 흘러갈 뿐이다.

초등학생 시절에는 눈이 참 많이 내렸다. 12월이나 2월에는 눈을 맞으며 학교에 가는 날이 더러 있었다. 아이들은 눈을 피해 누군가가 쓸어놓은 시멘트 길을 따라 교실까지 걸어간다. 가끔 나는 아무도 걸어보지 않은 운동장을 가로질러보곤 했다. 발끝을 바라보면서 바스락거리는 감촉만 느끼며 걷다가 오던 길을 뒤돌아보면 반듯하게 걷지 못하고 삐뚤빼뚤하게 걸어왔다는 것을 알 수 있었다. 교실로 가려던 걸음이 전혀 엉뚱한 곳으로 향했다. 다시 고개를 들고 교실 앞 나무를 바라보며 걸으면 곧장 교실로 향할 수 있었다. 교실 앞에서 뒤돌아보면 발자국은 반듯하게 남아 있었다.

목표는 오르고자 하는 산 정상이고, 비전은 산 정상에 꽂혀 있는 푯대와 같다. 목표를 이루기 위해 달려갈 때 방향을 잃어버리면 열심히 노력한 결과가 헛수고가 될 수 있다. 리더는 조직을 이끌고 정상에 올라야 한다. 정상에 푯대가 높이 솟아 있다면 길을 잃지 않고 한달음에 다다를 수 있다. 리더는 푯대를 세우는 사람이다. 푯대와 같은 비전을 제시해야 한다. 비전을 명확하게 제시하고 이끌어가는 리더가 되어야 한다.

딜로이트 안진 경영연구원장을 거쳐 딜로이트 컨설팅을 이끌고 있는 김경준 부회장의 저서 『사장이라면 어떻게 일해야 하는가』의 한 구절을 소개한다.

"비전은 …… 종업원들의 동기를 유발하고 에너지를 분출시키는 힘도 갖고 있다. 종업원들은 그들이 동감하고 그들을 받쳐주는 비전이 있음으로써 보람과 의미를 찾게 되며, 잠재력을 발휘한다."

비전은 그저 거창한 구호가 아니다. 바른 비전을 제시해야 한다. 기업은 이윤을 추구해야 하지만, 이윤을 추구하는 방법과 이윤이 사용되는 곳은 정직해야 한다. 온갖 부정한 방법을 동원해서라도 많은 이윤만 요구한다면 누가 그 리더를 믿고 따르겠는가? 정직하지 않은 비전, 자긍심이 묻어나지 않는 비전은 바른 비전이 될 수 없다. 비전은 모두가 공감할 수 있고 기꺼이 희생할 수 있는 가치를 담아야 한다. 비전에는 미래를 담아야 하고 도전정신도 있어야 한다. 비전은 기꺼이 기업의 자랑이자 미래가 될 것이다. 바른 비전이 기업을 바른 방향으로 이끈다.

더 이상 자원을 낭비하지 마라

한 예능 TV 프로그램에 나온 남자 아이돌 가수 Y가 야외에서 된장찌개를 끓였다. Y는 충분하게 준비해온 재료를 듬뿍듬뿍 썰어 넣으며 열심히 요리했다. 그런데 가만 보니 된장찌개 재료의 종류가 부족하고 넣는 순서가 뒤죽박죽이다. 먼저 호박을 반달 모양으로 썰어 넣고 나서 된장 한 숟가락을 냄비에 풀어 넣는다. 파를 썰어서 두 손으로 모아 넣고는 껍질을 벗긴 감자를 얇게 썰지 않고 그냥 통으로 넣어버린다. 라면스프를 몰래 넣고서 만족한 표정을 짓는다. 열심히 했지만 음식이 다 된 후에 먹어보니 된장맛이 부족했다.

맛있는 음식을 먹기 위해서는 재료의 양이 적절하게 조화를 이루어야 하고 재료의 특성에 맞게 순서대로 요리해야 한다. 요리사들은 최고의 음식을 만들기 위한 조리법을 개발하고, 같은 음식을 할 때마다 이 조리법을 따른다. 이런 반복과정이 학습되어 더 나은 조리법을 찾아내고 새로운 요리 개발에도 탄력이 붙는다. 요리는 순서, 시간, 재료의 양이 조화를 이루는 프로세스가 중요하다.

우리 주변에는 수많은 프로세스가 있다. 맛있는 커피를 내리는 과정도 하나의 프로세스이고, 모든 컴퓨터 프로그램에는 명령을 수행하는 프로세스가 있다. 동사무소에서 서류를 발급받는 프로세스가 있고, 병원에서 진료를 받고 질병을 치료하는 과정도 프로세스의 한 종류이다. 기업에서 프로세스는 매우 중요한 요소이다. 프로세스가 없이 경영하는 것은 중구난방으로 된장찌개를 요리하는 과정과 같다. 요리에 대한 기본이 없으면 아무리 자주 해도 실력이 늘지 않는다. 기업에서 실행하는 업무에 대해 기본을 이해하지 않고 어떻게든 일만 마치려는 좌충우돌 과정을 반복하면 실력이 늘지 않는다. 아까운 시간과 자원만 낭비할 뿐이다. 프로세스는 어떤 업무가 최고의 효율과 효과를 낼 수 있는 처리방식이다.

운동경기에서 평소 훈련이 잘되어 있고 기본기가 탄탄한 선수와 팀은 게임을 잘 풀어서 승리하지만 그렇지 못하다면 결과는 뻔하다. 기본기와 팀워크를 바탕으로 게임을 풀어나가야 승리하는 것이다. 승리하는 게임 프로세스가 작동하고 있다는 의미가 된다. 모든 일에는 프로세스가 필요하다. 요리와 운동뿐 아니라 공부, 공예, 의료, 하물며 놀 때도 프로세스가 있다. 프로세스를 벗어나면 뒤죽박죽되어 시간이 지체되거나 일이 엉뚱한 방향으로 흘러가기 일쑤다. 원하는 결과를 얻을 수 없다.

기업 비즈니스 또한 프로세스가 필요하다. 생산, 채용, 교육, 판매,

회계, 자금 집행 등 업무마다 가장 효율적으로 처리하는 프로세스가 마련되어 있다. ISO 경영시스템에서는 프로세스를 '의도된 결과를 만들어내기 위해 입력을 사용하여 상호 관련되거나 상호 작용하는 활동의 집합'이라고 정의한다. 입력은 사람, 자본, 기술, 재료, 지식 등으로 기업이 경영활동에 동원할 수 있는 모든 자원을 의미한다. 의도된 결과는 제품, 서비스, 매출, 이익, 성장, 부적합의 감소 등 경영 활동에서 이루고자 하는 목표들이다. 기업이 필요한 자원을 동원해서 원하는 결과를 얻기 위해서는 최적의 비즈니스 프로세스가 있어야 한다.

원료와 자재를 투입하고 기술력을 더해 설비를 가동해서 제품을 생산한다. 공장에서 출고된 제품은 물류센터를 거쳐 각 매장에 배송되고 유능한 판매망을 통해 소비자에게 판매된다. 마케팅과 홍보를 통해 소비자가 신뢰하고 선택하도록 호소한다. 기업에서 이루어지는 모든 활동은 원하는 결과를 얻기 위한 투입과 산출 프로세스의 연속이다. 모든 활동의 연결이 프로세스이다. 하나의 프로세스는 여러 활동으로 구성되고 각각의 프로세스는 다른 프로세스와 연결되어 보다 큰 프로세스가 된다.

프로세스는 앞서 언급한 '시스템'과 함께한다. 조직이 한몸처럼 움직이는 구조가 시스템이다. 프로세스는 시스템 안에서 작동되었을 때 위력을 발휘한다. 프로세스는 여러 부서와 직원들이 함께 실행하는 것이기 때문에 조직을 하나로 묶어 움직이는 시스템과는 떼려야 뗄 수 없다. 시스템은 철도, 프로세스는 기관차로 비유할 수 있다. 철길은 끊이지 않고 역과 역을 연결하고 있어야 한다. 기관차는 객차와 화물차를 달고서 철길을 따라 역에서 역으로 달린다. 철길은 기관차를 위해 존재하고, 기관차는 철길이 필요하다. 철길은 기관차가 있어야 하고, 기관차는 철길이 있어야 사람과 화물을 실어 나른다. 시스템은 프로세스로 연결되고 프로세스는 시스템 안에 있을 때 작동될 수 있다.

당신은 프로세스의 힘을 모른다

아이들과 함께 민속촌에 간 적이 있다. 아이들은 지금은 못 보는 옛 모습에 많은 흥미를 둔다. 연세가 지긋한 분이 대장간에서 연신 망치를 내려치고 있다. 집게로 잡고 있던 쇠를 물에 넣어 '치이이' 하는 소리를 내고는 숯불 사이에 다시 넣는다. 빨갛게 달구어진 쇠를 다시 꺼내 연신 망치질이다. 호미와 낫을 만드는 과정이 단순해 보이지만, 쉽지 않다. 망치질도 그냥 힘껏 내리치기만 하는 것은 아니다. 조금씩 모양을 잡아가며 망치질의 힘과 속도가 달라진다. 단순해 보이지만 오랜 세월을 해온 분은 익숙하고 체험 삼아 망치를 잡아본 사람은 어리숙해 보이는 것이 당연하다. 아이들 앞에서 호기롭게 망치질해 보지만 엉성한 모습은 어쩔 수 없다. 일을 잘하는 순서와 강약 조절을 전혀 모르니 어쩔 수 없는 노릇이다.

회사마다 어떤 일이든 잘 처리하는 직원이 있다. 시키는 일마다 믿음대로 늘 결과를 만들어낸다. 곤란하거나 어려운 일이 생길 때 가장 먼저 생각나는 사람이다. 이른바 '애니콜Any-call'이다. 가만 보면 이런 부류의 직원들이 일을 처리하는 과정이 꽤 안정되어 있다. 일을 정의하고 핵심이 무엇인지 파악하는 능력이 남다르다. 이전의 업무 경험과 지식을 동원해서 가장 적합한 방법을 찾아서 꼼꼼하게 처리한다. '일머리'가 좋은 사람이다. 나름대로 일을 대하고 실행하는 자기만의 방식을 가지고 있는 사람이다.

기업은 업무를 가장 효과적이고 효율적으로 처리하는 프로세스를 가지고 있어야 한다. 같은 일을 할 때 이번에는 이렇게 처리하고 다음에는 또 다른 방법으로 하는 회사는 그때그때 닥치는 상황을 그냥 무마하고 넘어가는 중구난방 형국이다. 상황이 닥쳤을 때 즉시 시작해서 깔끔하게 마무리 지어야 하는데 매번 누가 할지, 어떻게 처리할지를 고민하며 아까운 자원과 시간을 낭비한다. 지나고 나도 학습이 안 되고 발전이 따르지 않는다.

기업이 프로세스를 구축해서 경영하면 장점이 많다.

첫째, 업무 효율을 높일 수 있다. 프로세스를 따라 일하면 낭비가 줄기 때문이다. 불필요한 인원을 빼고 꼭 필요한 인원만으로 처리하므로 인력 낭비가 없다. 필요하지 않은 지출을 하지 않으므로 비용을 줄일 수 있고 업무 처리 속도를 높여 시간 낭비를 없앨 수 있다. 부적합 제품이 줄고 하지 않아도 되는 일이 줄어드는 효과가 있다. 여러모로 투입되는 자원 낭비를 줄이고 원하는 결과를 얻게 되어 효율이 높아진다.

둘째, 성공의 노하우를 쌓을 수 있다. 프로세스는 수많은 경험과 시행착오의 결과물이다. 프로세스는 한 번 만들면 변하지 않는 절대 불변이 아니다. 좋은 결과를 만들어낸 프로세스는 유지하고, 의도하지 않게 실수나 실패가 나타난 프로세스는 보완하는 과정을 되풀이해서 최적의 프로세스를 만들어낸다. 시대가 변하고 기술이 발달함에 따라 더 나은 방법으로 발전시키면서 성공할 수밖에 없는 가장 좋은 방법을 찾아낸다. 성공을 거듭하면 그 경험을 바탕으로 새로운 프로세스를 만들기도 한다. 성공 노하우가 끊임없이 쌓인다.

셋째, 오류를 쉽게 드러내서 바로잡을 수 있다. 프로세스가 잘 작동되고 있으면 어디에서 오류가 발생했는지를 쉽게 찾아서 잘 극복할 수 있다. 극복하고 수정하는 과정을 거듭하면서 가장 좋은 방법을 만들어간다. 프로세스는 오류를 극복한 결과물이자 오류를 극복할 수 있는 가장 좋은 수단이 된다.

아무리 좋은 것도 영원할 수 없다. 기업이 지금 가장 좋은 프로세스를 갖추고 성장을 거듭하고 있다 해도 현재의 프로세스를 영원히 운영할 수는 없다. 거듭 말하지만, 프로세스는 바뀔 수 있고 시대와 상황에 맞게 바꿔가야 한다. 쳇바퀴 안에서 안주하고 있다가는 뒤처질 수밖에 없다. 한 번 확고하게 뿌리 내린 프로세스를 뒤엎는 것은 쉬운 결정이 아니다. 회사 규모가 클수록 프로세스를 혁신하는 것이 더 어렵다. 프로세스를 구축하는 것만큼 프로세스를 더 좋게 발전시키는 노력이 반드시 뒤따라야 한다.

이순신 장군이 연전연승을 거듭한 과정도 승리하는 전투 프로세스를 작동한 결과로 볼 수 있다. 군사를 체계적으로 훈련하고 무기를 준비하며 전투를 대비한다. 적군의 동태를 탐색하고 작전을 세운다. 가장 좋은 물때와 장소를 선정해서 최상의 결과를 낼 수 있는 전투를 펼친다. 이 모든 과정을 가다듬어 더 나은 프로세스로 다음 전투에 나선다. 기업은 경영에서 펼칠 수 있는 승리 프로세스를 갖추고 발전시켜야 한다. 우왕좌왕하는 오합지졸 모습으로는 비즈니스 전쟁에서 승리할 수 없다. 언제나 장인다운 최적의 프로세스를 실행해서 효율과 효과를 얻어야 한다. 경영 프로세스는 기업을 성공과 승리로 이끄는 데 거침이 없을 것이다.

PDCA, 멈추지 않는 기업 성장의 열쇠

아버지는 농사를 지으셨다. 남쪽지방에서 하는 농사이기 때문에 2월이 되기 전에 어느 밭에 어떤 고추를 얼마나 심을지 결정해서 비닐하우스에 모종을 키우셨다. 어느 밭에는 고구마를 얼마나 심을지, 가을이 되기 전에는 또 어떤 밭에 배추를 얼마나 심을지를 결정하셨다. 5월이 되면 논농사 계획을 세우고 볍씨를 준비하셨다. 여름에 비가 오지 않으면 땅이 갈라지고 작물이 말랐는지를 점검해서 논밭에 물을 대셨다. 매일 아침 일찍 들에 나가 발육상태와 병충해 피해를 확인하고 적절한 비료와 농약을 뿌리셨다. 적당한 때에 수확해서 시세를 알아가며 좋은 가격으로 상인에게 파셨다.

아버지는 이 모든 과정을 다이어리에 적어두셨는데 나는 그렇게 적는 모습과 내용을 가끔 볼 수 있었다. 심지어 인부들에게 어떤 간식을 얼마 사주었고 잘 먹었는지도 적으셨다. 이 기록은 고스란히 한 해 농사를 돌아보는 소중한 자료가 되었고 다음해 농사를 더 잘 짓기 위해 생각하고 준비할 수 있게 해주었다. 아버지는 그렇게 계획해서 농사를 지으시며 매일 확인하고 조치하는 일을 반복하셨다. 농사에 일정한 사이클이 해마다 반복되었다.

사람들이 어떤 일을 할 때는 일정한 패턴이 있다. 기업을 비롯한 모든 조직도 이 패턴에 따라 업무를 수행한다. 각 조직에 속하는 직장인, 공무원, 군인, 자영업자 등 직업에 상관없이 반복한다. 공부하는 학생도 이 패턴을 따르고 예술가와 농부도 마찬가지이다. 이 패턴을 정확히 알고 움직이는 사람도 있지만 자기도 모르는 동안에 실행하는 사람도 있다. 한 가지 분명한 것은 이 패턴을 반복하지 않고서 목표를 이루고 성공을 거듭하는 사람이나 조직은 없다는 것이다.

그 패턴은 계획-실행-점검-개선 과정을 거치는 PDCA 사이클이다. PDCA는 Plan(계획), Do(실행), Check(점검), Action(조치, 개선)의 머리글자 조합이다. 계획에서 개선에 이르는 과정을 한 번 거치고 나서 끝나지 않고, 개선에서 얻은 경험을 반영해서 계획을 수정하거나 새로운 계획을 세운다. 4단계 과정을 계속 반복하므로 사이클이라는 단어가 더해져 'PDCA 사이클'이라 한다. 세상 모든 일이 이들을 반복하면서 이루어지고 더 발전해간다. 계획에 따라서 일이 진행되고, 일이 처리된 과정과 결과를 점검하고 개선한다. 이 경험이 자산이 되어 다음에는 더 나은 방법과 더 많은 결실을 얻는다. 새로운 일을 할 때도 이 경험을 바탕으로 계획하고 실행해서 원하는 결과를 얻을 수 있다. 세상 모든 일이 PDCA 안에 있다.

Plan(계획)은 목표를 정하고, 목표를 달성하기 위해 해야 할 일을 정하는 첫 번째 과정이다. 5W1H에 해당하는 누가, 무엇을, 언제까지, 왜, 어디에서, 어떻게 할 것인지를 결정하는 단계로서 계획은 구체적일수록 실행이 용이하다. 목표와 계획에 관한 내용은 4장에서 자세히 살펴볼 것이다.

Do(실행)는 계획한 바를 실천하는 단계이다. 정해진 목표에 다가가는 과정이며 PDCA 사이클에서 가장 역동적이고 중요한 단계이다. 전쟁에 비유하자면 작전에 따라 전투를 하며 고지를 점령하는 과정이다. ISO 경영시스템이 Do 단계에서 실천해야 하는 과정을 정해두었는데 그 핵심 내용을 5장과 6장에서 다루도록 하겠다.

Check(점검)는 계획한 대로 실천했는지를 확인하고 평가하는 것이다. 목표가 얼마나 달성되었는지 수치로 확인하고 결과를 분석한다. 실패와 성공의 원인을 찾는다. 제품의 품질을 검사하고 직원들의 실적을 평가하는 것도 점검에 해당한다. 7장에서 점검하고 확인해야 할 내용을 다루어보겠다.

Act는 조치 또는 개선으로 해석한다. 검토 결과 드러난 문제점을 개선하는 것이다. Act를 직역하면 조치에 가깝지만, 조치는 개선을 위한 것이므로 '개선'으로 여겨도 좋다. 개선은 문제의 재발을 막는 과정이다. 더 좋아지고 발전하는 것을 추구하는 과정이므로 여기에서 끝나지 않고 다시 계획으로 이어져야 한다. 8장에서 조치와 개선을 다루도록 하겠다.

삶이 PDCA 사이클 안에 있다는 사실을 매 순간 인식하고 있는 사람은 드물다. 곰곰이 생각해보면 사람들의 생활은 계획, 실행, 점검, 개선 과정을 반복하고 있다. 직업이나 목표의 크기에 상관없이, 설령 목표에 접근하지 못하고 살아가는 사람들이라도 이렇게 살아간다. 기업도 PDCA 사이클로 움직인다. 기업의 성장을 멈추지 않고 실행하게 만드는 힘이 PDCA에 있다.

뒤집기 한 판, 단번에 승부를 내라

딸아이는 중학생 때부터 플래너를 잘 쓰고 있다. 고등학교에 진학해서는 전문 프로그램에 참여하면서 더 열심이다. 내 딸이지만 벌써 그런 모습이 참 기특하다. 플래너에는 꿈과 이루고 싶은 목표를 적어두었다. 목표를 이루기 위해 월간, 주간, 일간 계획을 세우고 실천한다. 시험을 앞두고는 계획표를 만들어놓고 공부한다. 계획대로 실천한 것과 실천하지 못한 것도 체크하고 있다. 한 달에 한 번은 플래너를 앞에 두고 생각이 깊어지는 때가 있다. 다음 달에 뭘 해야 할지를 깊이 고민하는 모양이다. 딸에게 따로 PDCA를 언급해본 적은 없다. 그런데 하는 모습이 PDCA 사이클 안에 있다. 목표를 이루기 위해 실천하는 사람들을 보면 그들 안에 PDCA 사이클이 자리 잡고 있는 것을 알 수 있다.

많은 기업을 방문해서 PDCA를 전한다. 기업들의 반응은 두 가지다. 따르는 기업과 따르지 않는 기업이다. PDCA를 잘 실천하는 기업은 1년쯤 후에 방문하면 성장해 있다는 느낌이 든다. 직원들의 생각과 말이 달라졌고 자랑할 거리가 넘치며 밝다. 1년 만에 많이 성장한 모습이 보인다. 그렇지 않은 기업은 변화를 찾기 어렵다. 작년에 했던 변명을 똑같이 되풀이한다. 해마다 같은 질문을 하고 같은 문제를 알려주어야 하는 상황이 안타깝다.

목표가 없는 기업은 없다. 기업의 규모와 업종은 다르지만 저마다 달성하고 싶은 목표가 있기 마련이다. 목표를 달성하기 위해 하는 일들을 따져보면 PDCA 사이클을 통해 실행하고 있다. 혹시 당신의 회사가 목표를 이루기 위한 체계를 갖추고 있지 않거나, PDCA 각 단계에서 실천할 사항을 생각하며 일하고 있지 않다면 반드시 이 사이클 안으로 들어와야 한다. 기업은 어떤 일을 시작할 때 무작정 덤벼들지 않는다. 중요한 일일수록 더욱더 그렇다. 누가, 어떤 방법으로, 언제까지, 얼마만 한 결과를 달성할지를 먼저 정한다. 눈앞에 보이는 아무에게나 어떤 지침도 없이 무작정 일을 시키는 리더는 없을 것이다. 당연히 없어야 한다.

국내와 해외의 유명한 기업은 대부분 PDCA 사이클을 경영에 적용하고 있다. 명확하게 PDCA라는 용어를 사용하는 기업도 있고, 용어는 생략한 채 업무 프로세스에 녹여놓은 기업도 있다. PDCA를 적용하지 않는 기업도 존재하는 것이 현실이다. 이를 적용하지 않고도 잘

되고 어려움이 없으면 다행이지만 애석하게도 당연한 기본을 생략하고 승승장구하는 기업을 본 적이 없다. 몰라서 적용하지 못하는 것일까? 아니면 알고 있지만 나름대로 성공공식이 있기 때문일까?

기업은 PDCA 사이클을 모든 종류의 업무 프로세스에 적용할 수 있다. 인사, 생산, 회계, 마케팅, 영업, 판매 등 모든 부문에서 가능하다. 기업은 PDCA를 반복하면서 업무 프로세스를 만들고 더 발전시킨다. 프로세스를 작동하기 위해서는 시스템을 갖추고 있어야 한다고 앞에서 강조했다. PDCA는 기업의 경영시스템 안에서 프로세스가 되고, 모든 부서와 직원은 이를 자연스럽게 적용한다. 경영자는 리더십을 바탕으로 시스템, 프로세스, PDCA가 기업 경영의 밑바탕이라는 인식을 심어주어야 한다. 경영시스템, 업무 프로세스, 리더십이 없는 회사에서 PDCA 사이클은 큰 힘을 낼 수 없다. PDCA 네 가지 요소는 기업이 잘 되기 위해 꼭 필요하며, 각각은 절대 끊을 수 없도록 연결되어 있다.

기업이 목표를 달성하고 발전을 지속하기 위해서는 PDCA가 필수이다. 성공하지 못하고 정체된 기업이 PDCA를 어떻게 무시하고 있는지를 보는 것은 어렵지 않다. 계획 없이 일하고 목표 없이 하루를 보낸다. 경영자는 성과를 다그치기만 할 뿐 회사가 어떻게 나아가야 할지 진지하게 고민하지 않는다. 계획을 수립해놓고 실행하지 않는다. 계획은 계획일 뿐 회사 내에서 임직원들의 공감이 전혀 없다. 어제처럼 오늘을 보내고, 내일도 오늘처럼 지나갈 것이다. 일을 수행한 과정과 결과를 되돌아보지 않는다. 들춰내고 검토해본들 평가는 전혀 달가운 것이 아니라는 생각이 가득하다. 개선을 골치 아픈 숙제로 여긴다. 아무리 더 좋은 방향을 제시해도 움직이지 않는다. 새로운 계획에 관심이 없다.

성공하는 기업을 원하는가? 뒤집으면 된다. 기업의 상황을 바로 보고 미래 비전을 세운다. 상황과 비전에 맞는 목표와 계획을 수립한다. 계획을 철저하게 실천하고, 실천한 후에는 검토하며 돌아본다. 검토한 결과를 바탕으로 개선과 혁신을 이루어 성장한다. 성장한 모습에 맞는 목표와 계획을 다시 세우고 이 과정을 계속 반복하는 동안 기업은 더 성장하며 발전한다. 성공을 거듭하고 무슨 일이든 다 잘되는 기업을 원하는가? PDCA 사이클이 멈추지 않도록 유지하라.

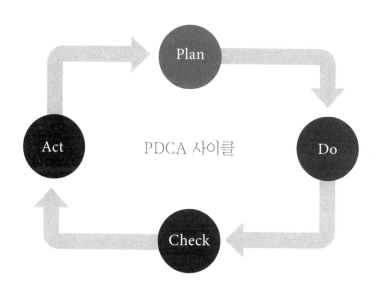

"모로 가도 서울로만 가면 된다." 어떻게 해서든 목표지점에 도착하면 된다는 속담이다. 느긋하고 시간 여유가 있는 사람이라면 유유자적하며 발걸음을 어디로 옮겨도 상관이 없다. 시간과 방법을 구애받지 않으니 아무렇게 해도 다 괜찮다. 그러나 원하는 결과를 얻고 싶은 사람들에게는 강한 동기가 있다. 동기에 걸맞은 실천 문구가 더해지면 실행에 힘이 붙는다. 동기가 강할수록 과정에 쏟는 노력과 에너지가 달라진다. 동기를 잊지 않고 꾸준히 행동에 옮긴다면 얻어지는 결과도 달라진다. 동기가 있는 사람이 사는 모습과 결과는 동기가 없는 사람과 확연히 다르다. 모로 가도 괜찮다는 문구는 결코 동기를 뒷받침하지 못한다.

기업도 경영을 통해 얻고자 하는 결과를 만들기 위해 직원에게 동기를 심어주는 강한 실천 문구가 필요하다. 동기를 공유하고 실행하는 과정을 함께하면 성장하고 발전한다. 사람이든 기업이든 동기는 결과를 가져오는 마중물이 된다. 동기는 방침으로 표현한다. 기업은 리더의 의지를 담은 경영방침을 세워야 한다. 리더가 기업 경영에 대해 가지고 있는 생각을 방침에 담는다.

방침이 없이 하루하루 살아가는 기업은 목표가 불완전하고 원하는 지점이 흔들리므로 가는 길이 순탄하지 않다. 방침에는 기업을 이끌기 위한 의지를 담는다. 어떤 것들을 실천할지, 어떤 모습을 만들어갈지를 전 임직원에게 확고하게 표명한다. 두루뭉술하고 애매모호한 표현은 절대 방침이 될 수 없다. '다 같이 잘해보자'라는 어정쩡한 속삭임이 아니라

'반드시 지켜야 한다'는 결의를 담는다.

방침은 기업의 비즈니스 목적과 상황에 가장 적절해야 한다. 기업의 상황이 어렵다면 극복하기 위한 의지를 담고, 기회를 맞이했다면 적극적인 포부를 담는다. 방침은 전략적인 방향을 지원한다. 방침을 바로 세우면 비즈니스를 실행하는 전략이 명확해진다. 방침이 가지는 가장 중요한 목적 중 하나는 목표를 수립할 수 있는 토대를 마련하는 것이다. 4장에서 다시 언급하겠지만, 목표는 방침과 일관성이 있어야 한다. 품질 경쟁력을 바탕으로 경영을 하려는 의지가 있다면 방침에 담아야 하며, 경영목표에는 기업이 달성하고자 하는 명확한 수준을 반드시 포함해야 한다. 목표를 세울 수 없는 방침은 공허한 메아리일 뿐이며, 방침과 관련 없는 목표는 허황한 몸부림에 지나지 않는다.

방침은 임팩트가 중요하다. 스포츠에서 임팩트impact는 강한 타격을 주기 위해 힘을 한 점에 모아서 상대에게 전달하는 순간을 의미한다. 기업은 비즈니스에서 힘을 모아 쏟아야 하는 임팩트를 방침에 담아야 한다. 비즈니스 활동 중에 무시하거나 소홀하게 다루어야 할 내용은 없다. 하지만 특별히 에너지를 쏟아부어 기업이 헤쳐 나가야 할 길에 임팩트 있는 방침은 설정해야 한다.

전자부품을 생산하는 신생기업을 컨설팅할 때 방침에 대해 의견을 나눈 적이 있다. 대표이사는 '인화, 화합, 최선'으로 하겠다고 고집한다. 고등학교 시절 교훈을 연상시킨다. 사훈으로는 가능하지만 경영방침으로는 어울리지 않는다. 기업이 나아갈 방향, 최고경영자의 의지, 경영목표를 설정할 수 있는 토대가 보이지 않는다. 경영목표와 방침이 불협화음을 내는 것이 당연했다.

　무엇보다 임팩트를 찾아볼 수 없었다. 방침이 어떠해야 하는지와 방침을 통해 얻을 수 있는 점에 대해 고민해보고 다시 설정해볼 것을 권했다. 대표이사와 핵심 인원들이 여러 차례 미팅을 통해 부족한 점을 인식하고 새로운 방침을 설정했다. '기술 개발로 경쟁력 확보, 품질 안정으로 고객만족, 매출 증대로 경영 안정, 인재 확보로 성장기반 조성'으로 정했다. 회사의 상황과 비즈니스 방향에 맞게 대표이사의 의지를 담았다. 기술, 품질, 매출, 인재 확보에 임팩트를 더할 것으로 보인다.

2장

1단계
: 놓여진 상황부터 파악하라

　일을 착수하려면 계획부터 세워야 한다. 계획이 중요하다는 사실은 모두가 알고 있다. 계획이 완벽해야 진행이 수월하고 목표에 다다를 수 있다. 계획대로 진행되지 않는 경우도 많지만, 계획이 완벽할 때 예상하지 못한 상황에도 대처하기 쉽다. 계획이 모든 일의 시작은 아니다. 완벽한 계획을 세우기 위해서는 그전에 반드시 상황을 파악해야 한다. 자신의 능력, 주어진 시간, 주변 여건, 예상되는 문제 등을 파악하고 계획을 세워야 한다. 이런 것들을 생각해보지 않은 계획이 성공할 수 있으리란 보장이 없다.

　기업 경영에서 일을 착수하기 전에 계획을 수립해야 하는 것은 당연하다. 계획을 세우기 위해 상황을 파악하는 것이 가장 먼저라는 사실을 놓쳐서는 안 된다. 상황 파악이 없는 계획은 군사들을 죽을 자리로 몰아넣는 어리석고 잔인한 장수의 행동과 같다. 기업이 반드시 파악해야 할 상황은 어떤 것들이 있을까? 기업 안에서 벌어지는 상황과 기업 밖에서 일어나는 상황을 파악해야 한다. 좋은 이슈와 나쁜 이슈, 잘 드러나 있는 것과 쉽게 알아채지 못하는 것들까지 놓쳐서는 안 된다. 상황을 바르게 보고 기회와 위기를 찾아내야 한다. 기회를 살리고 위기를 넘어야 하기 때문이다. 기회와 위기를 다루기 위한 기업의 강점과 약점도 바로 알고 있어야 한다. 세상은 멈춰 있지 않다. 지금까지 빠르게 변해왔고 앞으로는 더 빠른 속도로 변해갈 것이다. 변화하는 물결 속에 기회와 위기가 있기 때문이다. 4차 산업시대에 들어선 지 오래되지 않은 것 같은데 코로나19는 세상이 변하는 속도와 비즈니스 영역 확대에 날개를 달아줄 것이 분명하다.

4차 산업시대, 아무런 대책이 없다

지인 중에 컴퓨터와 IT 분야에 거의 무관심한 분이 계신다. 오랜 세월 학원에서 학생들을 가르치는 동안 컴퓨터 활용은 독수리 타법으로 교재를 만드는 수준에서 벗어나지 못하고 있다. 인터넷과 스마트폰은 기본 메뉴만 사용할 뿐 편리한 기능을 알아보고 싶은 생각을 전혀 하지 않는다. 알려드리려 해도 이 나이에 알 필요가 없다고 손사래를 친다. 앞으로 100세까지 살려면 40년을 더 살아야 하는데 지금보다 더 빨리 변하고 더 복잡한 세상을 어떻게 살려고 하느냐는 말도 넘겨버린다. 그런 것 모르고 지금까지 살아왔으니 앞으로도 걱정이 없다고 자신한다. 지금까지 변해온 세상과 변해가는 속도를 한 번 돌아보라고 해도 요지부동이다. 그분은 이제 겨우 60세일 뿐이다.

현대사회는 하루하루가 다르게 변하고 있다. 변화 속도가 이전보다 훨씬 빠르다. 한눈파는 사이에 도저히 따라잡을 수 없도록 멀리 가버린다. 이전에 좋았던 시절만 회상하고 있다가는 현재와 미래에 적응할 수 없다. 적응을 못 하는 정도가 아니라 구석으로 밀려나고 시야에서 사라질 수도 있다.

기업은 세상이 변하는 속도를 잘 따라가고 있을까? 직업상 만나는 대상이 대부분 제조업 경영진이거나 제조업과 관계있는 사람들이다. 그분들에게 현재 사업과 4차 산업시대 간의 관계에 대한 견해와 기업이 가지고 있는 대책을 물어볼 때가 많다. 대부분 자신의 회사와 4차 산업시대는 무관하다고 한다. 지금까지 기계를 돌려 가공하고 조립해서 판매하는 사업만 해왔고 앞으로도 그럴 것인데 4차 산업시대라고 해서 별반 다르지 않을 것이라고 단정해버리는 경우가 많다. 진지하게 고민하는 기업도 있으나 기업이 오래되고 한 분야에서 안정되게 자리 잡은 기업일수록 그 고민이 부족하다.

4차 산업시대를 대비하라는 말은 맞지 않다. 이미 우리는 4차 산업시대를 살고 있다. '제4차 산업혁명'이라는 용어는 2016년 세계경제포럼WEF: World Economic Forum에서 처음 언급되었다. 컴퓨터, 인터넷으로 대표되는 제3차 산업혁명에서 한 단계 더 진화한 혁명이다. 인터넷에 각종 ICT 기술이 더해져서 새로운 산업이 나타나고 있다. 혁명은 전 세계에서 일어나고 있다. 이 과정에서 기존 산업과 마찰이 일어나고 있으나 대세를 되돌릴 수는 없게 되었다. 코로나19로 인해 4차 산업의 영역이 넓어지고 변화는 더 빨라질 것이다. 변하는 세상을 깨닫지 못하고 언제까지 예전 방식, 지금의 모습만 고집하고 있다가는 뒤처지다가 사라지고 만다. 사람이 그렇고 기업은 더할 것이다.

시장도 변하고 있다. 전국의 소상공인들이 모두 어렵다. 나라경제 규모는 커지는데 이들은 해가 갈수록 더 어렵다고 한다. 소상공인들이 힘들어하는 이면에 인터넷 매출은 해마다 늘어나고 있다. 통계청은 2020년 1월 온라인쇼핑몰 거래액이 12.3조라고 발표했다. 2019년 1월 거래액 10.7조에 비해 1.4조나 증가했다. 2020년 1/4분기 소매판매는 전년 동기와 대비해 2.9% 감소했다. 소비자들이 지역에 있는 가게에 가지 않고 온라인과 모바일에서 물건을 사는 금액이 갈수록 더 많아지고 있다는 증거이다. 온라인 쇼핑몰이 지역 소매 매출을 넘어선 지 오래고 갈수록 격차가 커질 것이라는 예측 또한 오래전부터 이어졌다. 온라인 쇼핑 매출이 할인마트 매출마저 넘어섰다. 할인마트 또한 매장의 매출은 감소하고 새벽배송 매출이 증가하고 있다. 코로나19 사태로 언택트가 당연하게 받아들여져서 온라인으로 주문하고 집에서 물건을 받아보는 현상이 심화하고 있다.

농업에서도 시대를 읽고 4차 산업혁명을 도입해서 성공하고 있는 사례가 많다. 작물을 재배하는 온실의 온도와 습도를 확인해서 문을 열고 물을 주는 일을 스마트폰 하나로 다 해결한다. 발육상태를 매일매일 측정해 통계를 내고 분석해서 가장 적절한 판매 시점을 인터넷에서 알아볼 수 있다. 드론을 띄워서 거름을 주고 농약을 살포한다. 예전이라면 열 명이 해도 쉽지 않은 일인데 최신 기술을 도입해 혼자서 다 한다. 비용과 낭비가 줄고 품질을 올리니 상품성이 좋아 가장 비싼 값을 받는다. 4차 산업혁명이 미치지 않는 곳이 없다.

  어려움을 맞고 있는 기업들을 탓하자는 게 아니다. 시장환경이 이런데 돌파구가 없이 손 놓고 있는 현실이 안타까울 뿐이다. 인터넷 속도가 발달하고 4차 산업시대는 온라인으로 더욱 집중될 텐데 아무런 대책이 없다. 시대를 읽지 않으면 대책이 없고, 대책이 없으면 위기는 크고 빠르게 다가온다. 많은 직원이 몸담은 기업일수록 더할 수밖에 없다. 세월은 변한다. 변하니까 세월이다. 세월 앞에 변하지 않는 것이 없다. 세월이 가면 기술과 시장과 트렌드가 변한다. 변하는 세월을 잡아야 하는 이유는 변화하는 기술과 시장에 대처한 기업에게 기회가 있기 때문이다. 변화의 물결 위에 올라타라. 기회 위에 앉을 것이다.

먼저 읽어야 이긴다

  몇 년 전 장례식장에서 중학교 동창을 만난 적이 있다. 중학교를 졸업한 지 30년 만에 만난 동창은 조선업 관련 회사에서 기술력을 쌓아꽤 중요한 역할을 하고 있었다. 그 당시 언론에서는 국내 조선사들 수주량이 급감하고 있어 위기를 내다보고 있었다. 걱정스러운 마음으로 동창에게 조선업이 어려워질 거라는데 회사에서는 대비하고 있느냐고 물었다. 돌아오는 대답은 자기네 회사는 업력이 오래되고 기술력이 높은 회사라서 조선업을 하는 많은 기업과 거래하고 있으니 앞으로도 문제없을 것이라고 낙관했다. 회사가 아무리 지금까지 안정되게 유지되고 있더라도 시장환경이 어려우면 벗어나기 어렵지 않겠느냐는 우려에 대해서도 남의 일인 양 자신만만했다. 나중에 들었지만, 그 회사는 이미 파산했다고 한다. 그 동창이 지금 어디에서 무슨 일을 하고 있는지는 알 수 없다.

우리나라에서 자동차를 생산해온 역사가 오래되었다. 1955년 최무성 삼형제와 김영삼이라는 분이 조그마한 천막 안에서 미군용 지프를 개조해서 만든 '시발始發 자동차'가 우리나라 자동차 생산의 시작이다. 이후로 여러 기업이 자동차산업에 뛰어들었고 사라진 기업도 있다. 우리나라 자동차는 외국 기술에 의존해야 했던 시절을 지나 수출과 현지 생산을 통해 세계적으로 꽤 높은 시장 점유율을 차지할 정도로 인지도가 올라갔다.

전 세계적으로 자동차와 관련한 변혁이 일어나고 있다. 오랫동안 석유에 의존하던 엔진 자동차는 끝을 향해 가고 있다. 환경보호와 유지비용 절감을 위해 전기자동차가 주류를 차지할 것이다. 전기자동차 개발을 시작할 때만 해도 이렇게 빠른 증가를 내다보지 못했다. 어쩌면 지금 전문가들이 예측하는 점유율 증가 속도도 머지않아 틀렸다고 할 것이다. 전기자동차 시대를 내다보고 대비한 기업과 대수롭지 않게 여겼던 기업 간에 위기를 느끼는 크기가 다르다. 엔진 자동차 부품 생산만 고집하던 기업은 머지않아 큰 위기를 맞거나 사라질 것이다. 변화를 읽어가며 대비한 기업은 기회를 맞을 것이다. 기업의 의지와 상관없이 주변이나 내부의 모든 상황은 지금도 빠르게 바뀌고 있다는 사실을 반드시 알아야 한다.

자동차 산업과 조선업에서 일어난 변화가 직접 관련이 있는 기업에만 영향을 주는 것은 아니다. 군산에서 조선소와 자동차 공장이 문을 닫았을 때 그 회사 직원들과 협력회사만 어려워지지 않았다. 당장 회사 근처에서 영업하던 식당과 숙박업, 의류업, 소매업 등이 타격을 받았다. 소비가 줄어드니 그 지역 건설과 부동산 경기가 위축되었고 병원, 약국, 학원, 대형마트의 매출도 감소하였다. 지역 전체가 끝을 알 수 없는 위기에 처했다. 한 기업이 사업하는 분야뿐만 아니라 전혀 상관이 없다고 여겨지는 곳에서 상황에 따라 기회를 맞기도 하고 위기에 내몰리기도 한다.

세상에서 일어나는 모든 일과 상황이 기업을 둘러싸고 있다. 국내뿐만 아니라 해외에서 일어나는 모든 일에도 언제든 영향을 받을 수 있으니 관심을 두어야 한다. 언론에서는 늘 경제가 위기라고 한다. 내 기억 속에 경제가 안정되고 기업과 개인들 소득이 늘어나서 걱정이 없다는 기사를 본 적이 없다. 경제 상황은 늘 좋지 않았다. 내가 만나는 기업 중에도 한 자리에서 많은 풍파를 넘어왔으나 한숨을 내쉬고 있는 경우가 많다. 변하고 발전하는 시대 흐름을 멀리한 채 과거에 매달린 결과일 때 안타까움이 더하다.

대구지역에서 코로나19 확진자가 급증하던 때에 접촉자를 빨리 찾아내서 검사하는 일이 확산을 차단하느냐 못하느냐의 중대한 갈림길에 있었다. 이때 우리나라는 세계 최초로 드라이브스루 검사 방법을 개발해서 전국에 보급했다. 검사 대상자가 차에 타고 있기 때문에 의료진들과 접촉이 일어나지 않아 검사 속도가 급속히 빨라지게 되었다. 이 방법을 전 세계가 주목했고 확진자가 기하급수적으로 늘어나는 수많은 나라가 속속 도입하기 시작했다. 코로나19 확산을 저지하는 전쟁 같은 상황에서 드라이브스루 검사는 당연한 트렌드가 되었다. 나아가 우리나라는 워크스루 검사방법도 다른 나라보다 빠르게 개발해서 시행하고 있다. 코로나19가 지구상에서 종식될 때까지 이 트렌드는 글로벌 스탠더드가 될 것이다.

기업이 경쟁하는 시장은 전쟁터와 같다. 이기느냐 지느냐에 따라 기업의 운명이 결정되고 기업에 속한 사람들의 운명도 달라진다. 승리하기 위해서는 전장의 상황부터 읽어야 한다. 이전의 경험이 도움이 되겠지만 그 경험만 고집하면 더는 나아갈 수 없다. 기업은 반드시 시대와 트렌드에 집중해야 하는 조직 중에서도 높은 순위에 위치한다. 기업은 처한 상황에 맞는 판단을 내려야 목표와 계획을 바르게 수립할 수 있다. 상황의 변화를 파악하고서 실행을 할 때 길을 벗어나지 않는다. 지금도 시대는 끊임없이 발전하고 있다. 시대와 트렌드를 읽는 눈이 기업을 살린다.

등잔 밑에 이슈가 있다

등잔 밑이 어둡다. 가장 가까운 곳을 오히려 알아보지 못한다는 의미이다. 잘 안다고 자신하는 곳에서 의외로 허점을 보이는 때가 종종 있어 난처한 일을 겪기도 한다. 사는 집, 익숙한 방 안을 더 잘 보기 위해 등불을 켰지만 바로 밑을 보지 못한다. 등잔 밑 그늘진 곳이 어느 곳보다 어둡다. 안심하고 있는 곳에 위험이 도사리고 있다. 당연한 이치를 깨닫지 못하고 사는 경우가 많다. 기업의 등잔 밑은 어디이고 그곳에 무엇이 있을까? 등잔 밑에서 무슨 일들이 일어나고 있을까? 잘 알고 있다고 여기는 곳이라도 무슨 일이 일어나는지 관심을 거두면 안 된다.

신문이나 방송 뉴스에서 '이슈Issue'라는 단어를 많이 접한다. 이슈를 우리말로 번역하면 '논의되거나 논쟁의 대상이 되는 쟁점, 사안'으로 풀이된다. 기업 경영에서 이슈는 '긍정적 또는 부정적인 결과를 만들어낼 수 있어 관심을 가져야 하는 대상'이라고 이해하면 된다. 긍정과 부정을 모두 담고 있는 의미이므로 함께 보는 자세가 필요하다. 어느 조직이나 이슈가 있다. 기업에도 여러 이슈가 생겨나고 해소된다. 기업이 살아서 움직이고 있다는 증거이다. 좋은 이슈도 있고 나쁜 이슈도 있다. 좋은 이슈는 기회를 살려 기업이 성장하는 발판이 되어야 한다. 나쁜 이슈는 빨리 해결하지 않으면 '관심'이 '사고'로 이어질 수 있다. 나쁜 이슈를 신속하게 해소하는 과정에서 기회를 얻을 수 있다.

경영이슈는 좋든 나쁘든 드러나는 것만 대상이 되지는 않는다. 마땅히 이슈가 되어야 할 내용을 드러내서 이슈로 만들어야 한다. 이슈를 이슈로 인식할 때 이슈관리가 시작된다. 좋은 이슈가 나타났다가 슬쩍 사라져버리면 기업은 기회를 놓친다. 기회를 잃어서 아쉬운 것이 아니다. 기회인지도 모르고 지나가버리면 더 좋은 이슈와 기회를 살릴 수 있는 경험을 얻지 못한다. 기회를 살릴 수 있는 실력을 쌓을 수 없게 된다. 나쁜 이슈 또한 등잔 밑에 숨어버리지 않도록 관리해야 한다. 나쁜 이슈를 드러내지 않으면 사라지는 것이 아니라 어디에서 위험한 에너지를 키우고 있게 된다. 에너지가 커지면 폭발한다. 폭발하고 나서 이슈를 알아챘을 때는 이미 늦다.

기업의 이슈는 어떤 것들이 있을까? 사람, 조직, 건물, 설비, 특허권, 기술력, 경쟁력, 자금, 문화 등 기업 내부에 있는 모든 것들이 대상이다. 기업의 비즈니스와 상황에 따라 다르게 나타나므로 각별한 관심이 필요하다.

기업에 속한 조직과 구성원 안에 이슈가 있다. 임직원들의 생각과 가치관 차이 또는 그로 인한 갈등이 이슈가 된다. 그들이 회사에 원하고 기대하는 바와 널리 퍼진 불만도 이슈가 된다. 직원들이 참여하고 있는 노동조합의 존재와 그들의 요구도 이슈다. 이사회나 경영진의 입장 또한 이슈가 되고 노동조합과의 대립도 이슈가 된다. 사람들 사이에서 나타나는 이슈는 때로는 절대 풀리지 않을 수도 있지만 눈 녹듯 쉽게 사라질 수도 있다. 중소기업에서 흔히 놓치기 쉬운 이슈는 기업문화이다. 기업문화 이슈는 사람과 조직 이슈와 함께 나타나기도 한다. 조직문화는 사람과 조직이 만들어내기 때문이다. 해당 이슈가 기업문화에 대한 이슈인지 사람과 조직 이슈인지를 분간해야 올바르게 관리할 수 있다.

　기업의 유형자산은 중요한 이슈이다. 노후한 설비를 어떻게 관리할지, 최신 설비를 도입해서 품질과 생산성을 높일지를 고민한다. 오래되고 좁은 공장을 그대로 유지할지, 이 자리에 새 건물을 지을지, 다른 장소로 옮길지를 고민한다면 이 또한 이슈다. 특허, 노하우, 기술력 등 무형자산도 이슈가 된다. 기술력을 보유한 인재도 포함된다. 특허 내용이나 이 특허를 실현하는 방법과 실행도 이슈다. 다른 사람의 특허를 사용하는 경우 특허권자의 의견이나 입장 변화, 계약 내용도 이슈이다. 회사가 보유한 노하우나 기술력을 충분히 발휘하는지, 그 가치를 잘 파악하고 있는지도 이슈로 여긴다. 기업에서는 유형자산 이슈보다 무형자산 이슈를 잘 다루는 것이 훨씬 중요하다.

　기업 경영에서 자금은 항상 중요한 이슈다. 자금이 여유가 있거나 부족한지가 기업 경영을 크게 좌우한다. 돈을 올바르게 쓰고 낭비는 없는지, 필요한 자금을 어떻게 마련할 것인지도 이슈가 된다. 이자율, 매출과 이익도 정확하게 분석하고 있어야 나쁜 이슈가 생기지 않는다.

　기업마다 도처에 이슈가 있다. 그 이슈를 알고 있는지 모르고 지나치는지의 차이가 있을 뿐이다. 이슈를 발견해서 끊임없이 눈길을 주면 원하는 방향으로 이끌 수 있다. 등잔 밑에 방치하면 어떤 모습으로 변해가는지 알 수 없다.

네 기업을 알라

이슈는 마땅히 관리해야 한다. 이슈관리란 기업이 가지고 있는 모습과 상황을 원하는 방향으로 이끄는 것이다. 좋은 이슈는 기회로 만들고, 나쁜 이슈는 위기로 커지지 않도록 관리해야 한다. 이슈를 관리하기 위해서는 이슈의 본질을 정확하게 파악하는 일부터 시작한다. 이슈의 본질에 접근하지 못하고 겉돌면 올바른 해결책을 찾지 못한다. 원인을 정확히 알아야 대처가 올바르다.

컨설팅을 해주었던 중소기업 대표이사로부터 채용이 어렵다는 말을 들었다. 신입사원 채용 문제가 이 회사의 끊이지 않는 이슈이다. 그분은 회사 규모와 위치 때문에 채용에 문제가 있다고 생각하고 있었다. 해외에서 능력을 인정받고 있지만 사업 특성상 회사 규모가 크지 않고 수도권 외곽에 있기 때문이라는 것이다. 기술력이 좋고 국내외에 안정된 거래처를 유지하고 있어 직원들이 선호할 조건을 갖추고 있다는 자부심도 있었다. 고민에 대해 공감해주면서 신입사원들이 어떤 상황인지 질문을 이어갔다. 신입사원들은 출근하면 별다른 일을 하지 않고 제시간에 퇴근하고 있었다. 선배 사원들은 너무 바빠서 이들을 챙기거나 일을 가르칠 여유가 없었다. 대부분 3개월 이내에 퇴사하고 한 달이 안 되어 그만두는 경우도 있었다. 월급은 한 번도 밀리지 않았고 점심과 출퇴근도 신경 쓰고 있다고 한다.

그 회사는 규모가 작지만 좋은 거래처가 있고 영업이익도 높았다. 해당 분야 기술력도 인정받고 있어서 직원들이 근무하고 장래를 준비하기에도 좋은 회사였다. 위치도 도심에서 가깝기 때문에 큰 문제가 아니었다. 안타깝게도 신입사원들은 이런 좋은 점을 미처 알지 못하고 일찍 퇴사했다. 회사가 그들을 방치하고 있었던 점이 문제였다. 이들은 입사해서 직원으로 인정받지 못했기 때문에 마음이 흔들렸다. 좋은 회사라는 점을 미처 알 수도 없었다. 대표이사는 나와 대화하면서 신입사원을 대하는 방식의 문제를 인식했다. 채용에 관한 이슈의 본질은 규모나 위치가 아니라 입사 초기에 신입사원을 대하는 방식의 문제였다. 조금 바쁘더라도 다정하게 대하고 일을 가르치면 마음이 떠나지 않을 것이라는 데에 공감했다. 1년이 지나고 다시 방문했을 때 이제 채용문제는 없다고 했다. 오히려 기대보다 더 좋은 직원이 들어왔다고 만족해했다. 본질을 파악하고 이슈의 문제를 해결했을 때 위기가 기회로 바뀐 것이다.

주력 제품과 사업에 관한 이슈는 매우 중요하다. 어느 기업이나 그 기업을 먹여살리는 핵심 제품이나 사업이 있기 마련이다. 여기에서 생기는 이슈에 항상 관심을 가져야 한다. 그러나 안타깝지만 잘 되고 있으려니 안심하고 방치하는 경우를 많이 보았다. 믿는 도끼에 발등 찍는 일이 생긴다. 핵심 사업 부문에 관심을 꾸준하게 두고 있으면 기업 경영에 더 이익이 되는 방향을 찾을 수 있다. 경쟁력이 월등한 핵심 부문에는 늘 기회가 많다. 대부분 기업의 사업은 핵심 사업과 연관된 곳에서 이루어진다. 핵심 분야에서 일어나는 이슈는 절대 놓쳐서는 안 된다.

이슈를 대하는 자세에 편견이 있어서는 안 된다. 이슈의 중심에 서 있는 사람이나 부서에 대해 너무 믿거나 전혀 믿지 않는 자세는 올바르지 않다. 이슈 대상이 되는 사업, 프로세스, 제품에 대해 무조건 좋은 결과를 가져올 것이라는 기대도 바람직하지 않다. 나쁜 결과가 나올 것이라는 편견도 안 된다. 이슈에 대해 편견 없이 본질과 현실을 바로 보는 자세가 필요하다. 이슈는 기업 경영에서 반드시 파악하고 다루어야 하는 사안이다. 의견대립이 있는 논쟁일 수도 있고 모두가 공감하는 대상일 수도 있다. 이슈는 좋은 내용일 수도 있고 나쁜 내용일 수도 있지만 잘 관리해서 기업 성장의 발판이 되도록 이끌어야 한다. 드러나지 않는 이슈 거리를 방치하면 안 된다. 등잔 밑에 있는 보물을 방치하면 어느 순간 발길에 차여 깊은 곳에 숨어버린다. 등잔 밑에 있는 바늘을 보지 못하고 그대로 두면 피부 속을 파고들어 고통을 준다.

| "너 자신을 알라."

고대 그리스 철학자 소크라테스가 남긴 유명한 말이다. 자신을 잘 알아야 진리에 다가설 수 있다는 의미이다. 기업은 '기업 자신'을 잘 알고 있어야 한다. 드러나는 모든 것과 숨겨진 모든 것을 알아내고 관리할 때 위기를 해소하고 성장을 지속할 수 있다.

우물 밖의 위기에 집중하라

우물 안 개구리. 『장자莊子』의 「추수편秋水篇」에 나오는 이야기에서 유래한 속담이다. 좁은 우물이 세상의 전부라 여기는 어리석은 존재를 의미한다. 우물 안에서만 사는 개구리는 그 세상에서 놀고 쉬며 편안한 삶을 살았다. 우물 밑에 숨어 사는 장구벌레 따위와 비교할 수 없다고 생각했다. 개구리는 우물 안에서 보이는 하늘이 전부라고 알고 있었다. 조금밖에 보이지 않는 하늘에서 달이 사라지면 벌써 달이 졌다고 여겼다. 우물 밖에 바다가 있다는 말을 황당한 거짓말이라 단정 지었다. 우물 안에서 맛보는 경험만을 행복이라 생각했다. 개구리가 우물 안에서 느끼는 행복은 진정한 행복일까? 세상 넓은 줄 모르는 좁은 식견이 전부인 양 우쭐대는 사람들이 있다. 그 안에서 느끼는 만족감이 세상에서 맛볼 수 있는 가장 큰 행복이라 여긴다. 그들이 느끼는 행복은 진정한 행복일까?

기업이 넓은 세상을 보지 못하면 어떻게 될까? 담장 밖 세상에 많은 기회가 있다는 사실을 모르고 있다면 미래는 어떻게 될까? 담장 밖을 빙 둘러 위협이 도사리고 있다. 그런데도 위기를 모르는 기업이 살아남을 수 없을 것이라 믿는 것은 당연하다. 기업이 실력을 쌓기 위해서는 내부에서 생겨나는 모든 현상을 잘 관리해야 한다. 하지만 실력과 경쟁력으로 승부를 거는 곳은 기업 밖이다. 시장은 안에 있지 않고 밖에 있는 것이다. 안에서 실력을 키워 밖에서 결실을 얻는다.

수많은 기회가 기업 밖에 있다. 동시에 경쟁자와 적들도 밖에 있다.

기업 외부의 상황과 일어나는 일에 관심을 두어야 하는 이유이다. 기회를 살리고 위기를 예방하기 위해 눈과 귀는 밖을 향해 항상 열어두어야 한다. 독불장군은 성공할 수 없다. 기업 경영에 있어 자신만이 옳다고 여기며 다른 이들의 말에 귀를 닫는 사람이다. 기업 안에서 일어나는 일에 대한 조언에 귀를 닫는 것은 문제이다. 기업이 외부에서 발생하는 현상과 상황에 관해 관심을 두지 않아도 경영을 이어갈 수 없다.

브라질에 사는 나비의 날갯짓이 시간이 흘러 미국 텍사스에서 토네이도를 일으켜 엄청난 피해를 준다. 작은 움직임이 변화를 가져오고 나중에는 커다란 결과를 일으킨다. 나비효과 현상이 자신의 회사는 비껴갈 것이라고 안심해서는 절대 안 된다. 경제와 경영에서 나비효과는 수많은 사례에서 볼 수 있다. 대기업의 움직임 때문에 거래하는 중소기업뿐만 아니라 협력사까지 연쇄적으로 힘들어진다. 이때 무너지는 기업들이 수없이 많이 나타난다. 이들 기업은 아무 죄도 없이 대기업에서 일어나는 일 때문에 돌이킬 수 없는 결과를 맞는다. 작은 현상이 커다란 결과를 가져오는 나비효과처럼, 때로는 작은 일이 큰 조직을 뒤흔드는 결과를 가져온다. 작은 태블릿 PC 하나가 온 나라를 뒤흔들고 정권을 바꿔버린 일을 보지 않았는가? 나이트클럽에서 일어난 싸움이 수많은 연예인을 법정에 세우고, 한 기업과 대표를 추락하게 만들어버린 일도 보았다.

나비효과는 한 나라 안에서만 일어나지 않는다. 다른 나라들 사이에서 벌어지는 일이 우리나라 경제에 영향을 미치는 일이 일어난다.

이미 오래전부터 세계 모든 나라의 경제는 한 나라만의 문제가 아니고 전체가 영향을 주고받는 시대가 되었다. 미국과 중국의 경제 갈등이 우리나라 경제에 큰 영향을 미치고 있다. 미국의 투자은행 리먼브라더스가 파산하자 경제 여파가 미국을 넘어 전 세계를 힘들게 했던 경험도 생생하다. 중국 우한이라는 도시에서 발생한 신종 바이러스를 초기에 적절하게 대처하지 못해 전 세계의 경제와 수많은 사람의 생명을 위협하고 있다. 이런 상황에서는 추이를 지켜보며 대책을 마련하려 하지만 중소기업 하나가 어떻게 할 수 없는 경우가 많다.

　나비효과가 모든 기업에 항상 나쁜 결과를 가져오는 것은 아니다. 온 나라가 힘들었던 IMF 경제위기 상황에서도 전당포는 호황을 누렸다. 사드 사태 때 중국에 진출한 기업이 어려웠고, 중국 수출이 막혀 힘들었지만, 반도체는 중국 수출이 늘어났던 사례도 있다. 모두가 어렵다고 할 때 포기하지 않고 상황을 주시하면서 활로를 찾았기 때문에 가능한 일이다. 기업 외부에서 일어나는 상황이 내부에서 일어나는 일만큼 중요하게 여겨야 하는 이유이다. 우물 밖 세상에 많은 것들이 있고 많은 일이 일어난다. 우물 밖 상황을 직시하라. 기회와 위기는 우물 밖에 있다.

전쟁을 결코 끝내지 마라

1592년 5월 29일, 이순신 장군은 사천해전을 앞두고 장수들에게 작전을 전달한다. "아침 조수가 이미 물러갔으니, 큰 배가 물이 얕은 항구로 들어오기 어렵다. 거짓으로 패한 척하고 유인해서 큰 바다에서 싸우면 섬멸할 수 있을 것이다." 같은 해 7월 8일 한산도 해전에서도 작전을 내린다. "이곳은 바다가 좁고 항구가 얕으니 싸울 만한 곳이 못 된다. 큰 바다로 유인해서 깨뜨려야 할 것이다." 이순신 장군은 임진왜란에서 연전연승을 거두었다. 승리의 비결에는 군사를 잘 훈련시키고 무기를 잘 준비해서 전투력을 올린 점이 바탕을 이룬다. 더불어 이순신 장군의 전장을 보는 안목과 작전이 모든 전투에서 주효했다는 점을 부인할 수 없다. 전투에서 항상 적과 비교해 수적인 열세를 극복할 수 있었던 비결은 물길과 바다의 상황을 파악하고 유리한 때와 싸움터를 정해서 작전을 펼친 점이다. 바다는 장군이 결정할 수 없는 외부이슈이지만 바다를 잘 살피고 승리할 기회를 만들어 승리로 이끌었다.

기업 안에서 일어나는 중요한 현상을 '내부이슈'라 하고, 밖에서 일어나는 일이 기업에 영향을 줄 수 있는 현상을 '외부이슈'라 한다. 내부이슈를 잘 관리하면 힘을 키울 수 있고, 외부이슈에 관심을 두고 대안을 마련하면 기회를 얻게 된다. 내부이슈와 외부이슈에 균형을 갖고 대하는 자세가 필요하다. 외부이슈 중에는 어떤 것들을 눈여겨봐야 할까?

국내 경제 상황에 늘 관심을 두어야 한다. 국가 경제 상황은 하루하루가 다르다. 어제까지 호황을 누리던 산업이 아침이 되자 불황의 늪에 빠진다. 불황이던 업종이 호황으로 바뀔 수 있으며, 그곳에 기회가 열린다. 경제 상황에 따라 국가 정책과 지원책이 달라지며 기업이 또 다른 기회를 잡을 수 있다. 경제 상황에 따라 이자율이 변동한다. 이자율은 기업에 직접 영향을 준다. 이자율에 영향을 받는 기업 때문에 자신의 기업이 영향을 받을 수 있다. 원재료와 자재를 구매하는 비용에 변동이 생기고, 서비스를 이용하는 비용도 바뀐다.

 글로벌 경제 상황도 놓치면 안 된다. 앞에서 언급했듯이 한 나라의 경제, 한 기업의 경영이 세계 경제에 영향을 받는 시대이다. 수출 비중이 높은 우리나라는 중국과 미국 경제 움직임이 매우 중요하다. 수출과 수입 비중이 높기 때문에 두 나라 경제 영향을 받을 수밖에 없다. 중동 정세가 유가에 영향을 미치고, 남미 국가 정치 상황에 따라 농산물과 지하자원을 확보할 수 있는 가격과 양이 달라진다. 다른 나라의 경제와 정치가 자신의 기업에 직접 또는 간접 영향을 미칠 수 있다. 국제유가가 오르면 자재 구매비용이 늘어나고 물류비가 증가한다. 어려움이 생길 수 있지만, 그곳에 또 다른 기회가 있다는 점도 다시 한 번 기억해야 한다.

 국가의 법률 입법과 개정에 관한 관심을 가져야 한다. 기업과 관계 있는 기관의 규제와 지원 정책 변화도 마찬가지이다. 건설과 관련된 기업은 국토교통부와 국회 국토교통위원회의 정책과 입법을 잘 살펴야 한다. 건설 산업에 직접 영향을 미칠 수 있는 일이 벌어지기 때문이다. IT 기업이라면 과학기술정보통신부와 국회 과학기술정보방송통신위원회의 활동을 유심히 지켜보아야 한다. 국가기관뿐만 아니라 지원 단체와 반대 단체의 움직임도 중요하다. 기업이 가지고 있는 기술 문제에 대해 도움을 받을 수 있고 신기술을 빨리 받아들여 경쟁력을 확보할 수 있다. 환경단체가 난개발을 반대할 때 사업이 늦어질 수 있다. 기업과 관계되는 많은 기관과 단체가 사업에 도움을 줄 수 있고 규제를 강화할 수도 있다.

새로운 시장이 열리는지, 신기술을 바탕으로 획기적인 소재가 개발되었는지 잘 알아보아야 한다. 좋은 설비가 개발되어 생산성과 품질이 좋아질 가능성이 있는지, 원가를 낮출 수 있는 여지가 있는지도 관심을 가져야 한다. 그 외에 고객의 입장 변화, 경쟁사의 등장, 특허 기간의 만료, 협력회사의 경영 상태에도 관심을 가져야 한다. 기회와 위기가 기업 외부에 널려 있다. 기업은 밖에서 일어나는 모든 일과 현상의 변화를 놓치지 말아야 한다. 변화에 수동적으로 따라갈 것이 아니라 기회를 포착하고 능동적으로 움직여야 한다. 전장을 파악해 유리한 상황을 만들어 항상 승리하듯 경쟁에서 이기는 일을 반복해야 한다.

리더십 비즈니스 코드 3 흔들리지 않는 의지를 퍼뜨려라

초등학교에 입학하기 전에 병치레를 크게 한 적이 있다. 내 기억 속에서는 가물가물하지만, 어른들은 선명하게 기억하고 계신다. 겨울에 감기를 앓아 엉덩이 주사를 맞았는데 그게 잘못되었나보다. 주사 맞은 부위에 고름이 크게 생겼는데도 아프다고 말하지 않아서 어른들도 몰랐다.

어느 날 높은 데서 뛰다가 아픈 부위로 넘어지는 바람에 아픔을 참지 못하고 울어서 알게 되었고, 치료가 시작되었다. 부모님은 반드시 치료하려는 뜻이 강했고 나는 무서운 진료실에 들어가지 않으려는 고집이 셌다고 한다. 누가 이겼을지는 자명하다. 자식이 아프지 않게 해주고 싶은 부모님의 사랑과 의지가 더 강했다. 1년여 기간 동안 병원에 다니며 치료를 마무리했다. 큰 흉터를 남겼지만, 엉덩이는 깨끗해졌다.

　정당한 의지와 얄팍한 기회주의가 겨루면 의지가 이긴다. 정당한 의지가 흔들리지 않고 강하게 자리 잡고 있을 때라야 당연한 일이다. 의지는 정당하고, 강하며, 흔들리지 않을 때 큰 힘을 낼 수 있다. 리더는 의지를 드러내야 한다. 분명하고, 확고하고, 강하게 드러내서 임직원 모두가 알 수 있어야 한다. 리더의 의지와 임직원들의 생각이 다르다면 의견이 충돌하고 곳곳에서 불협화음이 날 것이다. 리더의 뜻은 흐려지고 각자의 목소리만 난무해진다. 사공이 많아져서 경영은 어디로 갈지 모르게 된다. 리더의 확고한 의지가 기업을 안정되게 유지해준다.

　최고경영자는 기업이라는 배의 선장이다. 최고경영자의 의지는 배가 원하는 방향으로 갈 수 있도록 잡아주는 키가 된다. 선장이 키로 배를 조종해 안정되게 조작할 때 배는 원하는 방향으로 순항한다. 리더가 의지를 밝힌다는 것은 속마음을 드러내는 것과는 다르다. 의지는 기업이 비전을 향해 움직일 때 방침이 흔들리지 않고 꾸준하게 나아갈 수 있도록 붙들어주는 역할을 한다. 비전과 방침이 확실하게 자리 잡고 있을 때 리더의 의지가 더해져 멈추지 않고 목적지에 도달할 수 있다. 의지를 드러낸다는 것은 리더십을 발휘한다는 것이다. 리더는 어떤 의지를 드러내야 할까?

  비전과 방침을 충실히 수행하겠다는 의지를 보여야 한다. 사람과 기업은 이익 앞에서 많은 유혹을 받는다. 유혹에 넘어가면 잠시 잠깐 이익이 있을지 모르지만, 영원할 수는 없다. 기업이 정도를 벗어났다가 호되게 값을 치른 사례가 많이 있다. 리더부터 확고한 의지를 갖추고 비전과 방침에 따라 바른길을 묵묵히 걷는 기업이 되어야 한다. 꾸준히 개선하고 발전하겠다는 의지가 있어야 한다. 어느 정도 성공한 위치에 올라서면 안주하고 싶은 마음이 드는 것은 사람이나 기업이나 마찬가지이다. 잘못이 드러났더라도 당장 큰 손해가 없으면 완벽하게 고치지 않고 뒤로 미루려는 마음이 들 수도 있다. 기업은 멈추는 순간 뒤처진다. 뒤처지다 보면 사라진다. 꾸준히 개선하고 혁신하겠다는 리더의 의지가 기업을 살아 움직이게 만든다.

  "인간의 의지에 저항할 수 있는 것은 없다."

  19세기에 영국의 총리를 지냈던 벤저민 디즈레일리Benjamin Disraeli가 남긴 말이다. 의지가 강하면 어떤 저항도 극복할 수 있다. 리더의 의지가 강하면 기업의 앞길에 있는 어떤 난관도 극복할 수 있다. 리더가 의지를 퍼뜨리면 기업은 역동적으로 살아 움직일 것이다.

답은 약점에 있다

봄부터 가을까지 야구경기를 즐겨본다. 좋아하는 팀이 이기기를 응원하며 시청한다. 양 팀이 치열하게 승부를 펼치는 경기 내용뿐만 아니라 유심히 지켜보는 부분이 있다. 선수들의 강점과 약점을 본다. 오랫동안 경기를 시청하다 보니 선수들의 강점과 약점이 보인다. 몇몇 선수들은 강점과 약점이 어떻게 바뀌고 있는지 성장과 발전 과정을 계속 지켜보는 재미가 있다. 선수마다 강점과 약점이 있다. 구속이 빠르지만 제구가 잘 안 되는 투수도 있고, 볼은 느리지만 다양한 변화구를 원하는 위치에 던질 수 있는 투수도 있다. 타율은 높지 않아도 발이 빠르고 수비를 잘하는 선수가 있다. 타율도 높고 홈런을 잘 치지만 발이 느린 선수도 있다. 몸쪽 볼에 약해도 바깥쪽 볼은 잘 치는 타자, 변화구보다 빠른 볼을 잘 치는 타자도 있다.

선수들은 저마다 강점과 약점을 가지고 있다. 모든 것을 다 잘하는 만화 주인공 같은 선수도 간혹 있지만, 자신이 가진 재능 중에서도 더 잘하는 부분과 조금 부족한 면이 있다. 확실한 강점을 가진 선수는 여러 약점에도 불구하고 제 몫을 다할 수 있다. 타격은 안 되지만, 수비와 대주자로 출전해서 경기 흐름을 바꾸기도 한다. 어떤 투수는 승부처에서 한 타자만 상대하고 이닝을 끝내서 팀을 위기에서 구하기도 한다. 경기에 출전하는 선수들은 자신의 강점을 충분히 발휘하고, 팀은 선수들의 강점을 조화롭게 잘 활용해서 승리를 거둔다. 약점만 바라보고 위축된 선수들은 실력을 펼칠 수 없다. 선수들이 가진 강점을 사용하지 못하고 약점만 걱정하는 팀은 승리할 수 없다. 강점은 승리의 원동력이 되고, 약점은 자만하지 않고 경기를 운영할 수 있도록 이끌어주는 균형추이다.

세상 모든 사람은 강점과 약점을 다 가지고 있다. 아무리 훌륭한 사람도, 모두가 존경하는 위인도, 화려한 모습으로 인기가 많은 연예인도 모두가 다 그렇다. 이 글을 쓰는 나도, 읽고 있는 당신도 가지고 있는 강점과 약점이 우리의 본 모습이다. 기업도 마찬가지다. 아무리 매출이 높고 경쟁력이 탁월한 회사도 강점과 약점을 가지고 있다. 모두가 입사하고 싶은 일류 대기업도 강점만 있지 않고 약점도 가지고 있다. 프로야구 선수처럼 최고의 기업도 강점으로 승부하고 약점을 경계하며 경영을 이어간다. 모든 기업은 강점과 약점을 함께 가지고 있다. 중소기업도 대기업에 비할 바는 못 되지만 강점이 있다. 기업이 경영을 지속하고 승승장구하는 데에는 확실한 강점이 있기 때문이다. 당연히 약점도 있다. 강점은 더 살리고 약점은 보완하면서 경계해야 한다.

기업마다 강점이 있다. 중소기업은 규모가 작기 때문에 의사결정과 실행이 빠르다는 강점이 있다. 큰 금액을 투자할 일이 많지 않아 리스크도 작다. 한 분야에서 전문 능력을 빠르고 깊게 키울 수 있다. 이미 그런 강점을 모두 가지고 있을 수도 있다. 강점이 기업을 끌어가는 원동력이라는 사실을 절대 부정할 수 없다. 기업은 강점을 앞세워 기회를 살린다. 전문성이 있어서 신제품 개발이 빠르고, 이미 형성된 판매망에 진입하는 속도가 빠르다.

약점을 잘 관리하면 위협을 피할 수 있고, 약점을 극복하다가 기회를 찾을 수 있다. 약점을 인정해야 한다. 약점은 회사가 가지고 있는 여러 모습 중 하나일 뿐 부끄러워하거나 감출 필요는 없다. 약점을 감추고 눈감아버리면 보이지 않는 곳에서 점점 더 위험해질 수 있다. 약점이 가져올 수 있는 위협을 예측하고 관리해야 한다. 약점에 관심을 가지는 가장 큰 이유는 기업을 어렵게 할 수 있다는 염려 때문이다. 걱정이 현실이 되지 않도록 예측하고 주시해야 한다.

> "약점이란 강점을 떠받치는 여러 개의 의미 있는 주춧돌과 같다."

미국 기업 액세스 월드와이드AXCESS WORLDWIDE 사의 공동창업자이자 대표인 에릭 시노웨이Eric Sinowway와 하버드 대학교의 학교발전계획 책임자 메릴 미도우Merrill Meadow가 공동으로 저술한 『하워드의 선물』에 나오는 구절이다. 하워드 교수는 약점이 강점을 떠받치면서 기업의 주춧돌이 된다고 평가한다. 약점도 기업에서 중요한 역할을 하고 있다는 것이다. 절대 불필요한 것으로 여기지 말고 좋은 역할을 하는 존재로 여기도록 하자.

장수는 전장에 나가기 전에 군사들의 능력을 먼저 파악한다. 훈련과 무기로 약점을 보완하고 강점을 살리는 작전을 세운다. 강점과 약점에 따른 대비를 단단히 하고 실전에 임할 때 승리할 수 있다. 기업이 경쟁에서 이기는 힘은 강점과 약점 모두에 있다.

스스로 기회를 만드는 기업의 비밀

K사는 직원이 일곱 명으로 화학 플랜트 등에 장비와 운용 프로그램을 공급하는 사업을 20년이 넘게 이어가고 있는 기업이다. 대표이사는 참 겸손하신 분이다. 작은 규모로 이렇게 오랫동안 업계 1위를 유지하는 이유를 물어보면 남들도 이만큼 하고 있다고 답한다. 좀 더 직설적으로 회사의 강점을 물었더니 그런 것도 없다고 한다. 오랜 기간 동안 해오는 일이라 무뎌진 것인지, 강점을 한 번도 파악해본 적이 없는지 알 수 없다.

개발이사는 회사가 작다는 점을 약점으로 본다. 항상 새로운 사양의 제품을 긴급하게 요구하는 고객사를 유지하는 이유가 작은 기업이기 때문인데 이 점을 약점으로 보고 있다. 대표이사는 강점을 보지 못하고 개발이사는 약점을 크게 우려한다. 두 사람 사이의 견해차 때문에 기술력을 바탕으로 사업 범위를 넓힐 기회를 번번이 놓치고 있다. 지금까지는 안정적인 사업이 가능했지만, 언제까지 이런 상태가 지속될지는 알 수 없다.

강점을 살리기 위해 기업이 지녀야 하는 자세에 대해 살펴보자.

바른 인식이 필요하다. 강점을 강점으로 인식하고 강점의 크기와 가치를 정확하게 파악하고 대해야 한다. "구슬이 서 말이라도 꿰어야 보배"라는 속담이 있다. 아무리 좋은 구슬이라도 그 가치를 알았을 때 실에 꿰려고 생각한다. 구슬을 꿰면 값비싼 목걸이로 변신한다. 구슬이 구슬로서 가치를 인정받게 된다. 자녀의 재능을 발견해서 살려주지 못하는 부모처럼 나쁜 부모도 없다. 회사의 강점을 인식하지 못해서 기회를 살리지 못하는 경영자와 관리자는 없어야 한다. 강점에 날개를 달아야 한다. 연구개발 능력이 강점이라면 그 크기를 알고 있을 때 획기적인 신제품 개발이 가능하고, 고객의 기대를 능가하는 업그레이드가 가능하다. 생산능력이 강점이라면 일일 생산능력이 얼마까지 가능한지 정확히 알고 있어야 고객을 늘리고 매출을 키울 수 있다. 강점의 크기를 잘 알고 있으면 기회를 더 만들어낼 수 있다.

　강점의 크기를 과소평가해서 기회를 놓쳐서도 안 되지만 허황하게 너무 크게 보는 것도 조심해야 한다. 강점을 믿고 과도하게 투자하거나 일을 크게 벌여서 낭패한 다른 기업의 사례를 타산지석으로 삼아야 한다. 가치의 크기만큼 활용해야 한다. 강점을 키우는 노력을 멈추지 말아야 한다. 강점을 가지고 있다는 사실만으로 만족하는 것은 어리석은 행동이다. 강점을 더 살려서 확실한 경쟁력으로 키워야 하기 때문이다. 경쟁자들 또한 그들만의 강점이 있고 그들이 가진 경쟁력을 키우고 있을 것이다.

　기업의 강점을 유지하고 있는 인재들의 강점을 인정해야 한다. 기업이 가진 강점은 결국 사람들이 유지하고 있다. 강점을 만들어내는 것도 사람이고, 강점을 키우는 것도 사람이 한다. 이들이 기업을 지탱하는 인재들이다. 강점을 더 가다듬어 성과를 낼 수 있도록 독려하고 자기계발 기회를 제공해야 한다.

　강점을 왜곡하지 말아야 한다. 강점에 대해 자만하지 말아야 하며 잘못 사용해서는 안 된다. 모든 것을 다 해결해줄 것이라고 맹신하는 것도 금물이다. 자동차 타이어 기업은 타이어를 잘 만드는 데에 강점이 있다. 타이어 제조 기술을 믿고 자동차를 생산하려 한다면 큰 오산이다. 자동차 타이어 능력을 키워 항공기 타이어를 제조하는 사업으로 확장하는 것과는 매우 다른 것이다. 기업의 강점을 정확하게 보아야 하고, 강점을 바탕으로 확장할 수 있는 사업을 잘 선택해야 한다.

약점을 대하는 자세 또한 마찬가지다. 약점의 크기와 긴박한 정도를 바르게 파악해서 대처해야 한다. 약점은 극복할 대상일 뿐 넘을 수 없는 벽으로 여기지 않도록 한다. 약점을 극복하면 전화위복의 기회를 가질 수 있으니 마냥 두려워할 대상은 절대 아니다.

> "잘못하고도 고치지 않으면 그것이 진짜 잘못이다(과이불개 시위
> 과의過而不改 是謂過矣)."

『논어論語』의 「위공령衛靈公 편」에 나오는 말이다. 공자는 잘못을 저지른 것보다는 잘못을 고치지 않는 것을 더 문제로 보았다. 기업은 약점을 가지고 있는 사실보다 잘못을 고치려 하지 않는 것을 더 경계해야 한다. 방치하지 말고 고쳐가는 노력을 더 하라는 의미이다.

강점과 약점은 기업이 가지고 있는 본모습이다. 자만할 것도 부끄러운 것도 없다. 강점과 약점을 바로 알고 관심을 두는 자세가 중요하다. 관심에서 멀어지는 순간 강점은 사라지고 약점은 커질 것이다. 강점은 키워서 역량을 더해 기회를 만들어야 한다. 약점은 위협이 되지 않도록 관리하면서 극복해야 한다. 기업은 강점이 이끌고 약점이

받치면서 성장한다.

　살면서 어려운 고비를 넘어보지 않은 사람이 있을까? 역경을 극복하면 성숙해지고 삶을 대하는 마음가짐이 달라진다. "고난은 유익이다"라는 성경 구절도 있지 않은가? 고난을 바라보는 관점과 대하는 자세를 바르게 유지하면 고난을 극복할 힘이 생긴다. 누구에게나 기회가 찾아온다. 기회를 기회로 알아보는 지혜가 있을 때 잡을 수 있다. 기회는 준비된 사람에게 은혜를 베푼다. 때로는 기회가 위기로 바뀌기도 하며, 위기가 기회를 가져다주는 경우도 많다. 기회를 맞이하는 준비와 위기를 넘을 수 있는 대비가 필요한 이유이다.

> "비관론자들은 모든 기회에 숨어 있는 문제를 보고, 낙관론자들
> 은 모든 문제에 감추어 있는 기회를 본다."

　세계적인 경영컨설턴트이자 리더십 트레이너인 데니스 웨이틀리 Denis Waitley 박사의 말이다. 긍정적으로 생각하고 위기를 대하면 기회가 보이고, 아무리 좋은 기회라도 부정적인 생각을 가지면 위기가 된다. 어떻게 대하느냐에 따라 이득이 될 수도, 해가 될 수도 있다. 위기와 기회는 기업에도 찾아온다. 기업이 성장하는 과정을 그래프로

그려보면 주식 그래프처럼 등락을 거듭하면서 오른쪽 위로 올라간다. 아무리 우량한 주식 종목이라도 일직선으로 죽 올라가는 경우가 없듯이 기업도 좋을 때와 나쁠 때를 겪으며 성장하는 것이다.

위기 앞에 위축될 필요도 없고, 기회를 발견했다고 해서 웃고만 있으면 안 된다. 앞에서 여러 번 말했듯이 기회는 살리고 위기와 위협은 벗어나야 한다. 기업의 성장과 쇠락은 기회와 위기에 대응한 결과이다. 기회와 위기는 상황을 파악하고 내부이슈와 외부이슈를 관리하는 과정에서 찾아내야 한다. 앞에서 상황과 이슈에 대해 다루면서 기회를 살리고 위기를 극복해야 한다고 자주 언급했다. 다시 한 번 강조하지만, 기업의 상황과 이슈는 기회와 위기에 직결되는 부분이므로 쉽게 보아 넘겨서는 안 된다. 상황과 이슈에 집중할 때 기회와 위기를 찾을 수 있다.

기회와 위기를 바탕으로 목표를 설정한다. 기업의 내부와 외부에 깃들어 있는 여건과 환경을 고려하지 않은 목표는 뜬구름이다. 기업이 성공의 날개를 달 기회가 보이는데 이전 수준을 유지하겠다고 한다면? 국내외 시장 환경이 이미 나빠졌는데 매출 목표만 배로 높이면? 이런 리더는 기업의 발목을 잡는 정도를 넘어 땅바닥에 내동댕이치는 수준이다. 기업은 경영목표를 반드시 달성해야 한다. 이룰 수 있는 목표 수립은 현실을 반영할 때 가능하다. 기회와 위기는 상황, 여건, 환경, 이슈와 더불어 목표를 수립하기 위해 가장 중요한 요소이다.

기회와 위기는 목표를 달성할 수 있는 실행 계획의 방향을 제시한다. 기회가 어디에 어떤 모습으로 있는지를 알아야 그에 따른 실행 계획을 세울 수 있다. 위기의 모습과 위치를 반영한 계획을 세워야 한다. 기회와 위기를 반영하지 않은 실행 계획은 좌충우돌할 수밖에 없는 미로와 같다. 계획이 올바르면 인력, 자금, 설비도 낭비가 없다. 기회와 위기를 정확하게 파악해야 하는 이유는 수없이 많다.

그리스 신화에 '카이로스'라는 신이 등장한다. 카이로스는 앞머리가 무성하고 뒷머리가 대머리인 모습을 하고 있다. 사람들에게 그리 친근한 얼굴이 아니다. 앞머리가 무성한 이유는 사람들이 자신을 쉽게 붙잡을 수 있도록 하기 위해서다. 뒷머리가 대머리인 이유는 그가 한 번 지나간 다음에는 다시 잡을 수 없도록 하기 위함이다. 카이로스, 그는 기회의 신이다. 기회와 위기는 이런 모습을 하고 있다. 한 번에 알아보고 대처하지 않으면 기회는 돌아오지 않고, 위기는 위협으로 돌아온다. 기업은 기회와 위기를 알아보는 안목과 대처할 수 있는 능력을 항상 유지하고 있어야 한다. 기업이 성장하고 안정을 유지하는 힘이 위기와 기회를 바로 보는 눈에 달려 있다.

숨은 기회와 위기를 찾는 방법

사과 열매가 다 익기 전에 우박이나 태풍을 맞으면 표면에 상처가 생긴다. 이런 사과는 상품성이 없어 농가가 큰 손해를 입는다. 사과를 팔 수 없을 뿐만 아니라 상처 입은 과일을 손수 처리해야 하는 부담까지 안게 되어 한숨만 내쉴 뿐이다. 이런 사과에 '보조개 사과'라는 이름을 붙였다. 이름으로 이미지를 바꾸었더니 판로가 열렸다. 농민들의 아픔을 공감하는 사람들이 나서서 기꺼이 사주었다. 돈과 노동력을 들여 폐기할 수밖에 없던 사과를 팔아 손해를 줄이고 작게나마 소득을 올리게 되었다.

위기와 기회는 동전의 양면이다. 낙담하지 않고 시야를 바꿔서 적극적으로 대응하면 전화위복이 된다. 기업의 위기와 기회도 이렇게 대응해야 한다. 위기와 기회, 기회와 위기는 한 얼굴에 깃들어 있는 두 모습이다. 기형적으로 공존하는 것이 아니라 이를 바라보는 시각에 따라 서로 다르게 보일 뿐이다. 위기를 잘 극복하면 기회로 연결된다. 기회를 살리지 못하면 위기를 맞는다. 기업이 기회와 위기를 어떻게 대해야 하는지 알아보자.

기회와 위기를 정확하게 알아볼 수 있는 안목이 필요하다. 기회를 기회로, 위기를 위기로 인식해야 한다. 아이들은 날이 선 칼이 장난감인지 위험한 물건인지 모른다. 기회와 위기를 구분하지 못한다는 것은 아무것도 모르는 어린아이 같은 판단력이다. 기회를 알아볼 때 기회를 살릴 수 있는 조치를 기획할 수 있다. 위기를 인식할 때 대응할 방안을 마련할 수 있다. 기업이 기회를 살리고 위기를 극복하려면 정확하고 성숙한 판단력을 갖추는 데에서 시작한다.

> "누구나 좋은 기회가 없었던 것은 아니다. 다만 그것을 적시에 포착할 수 없었을 뿐이다."

카네기 철강회사를 설립하여 철강왕(또는 강철왕)이라 불리고 후에 자선사업가가 된 앤드루 카네기Andrew Carnegie의 말이다. 그는 여러 기회를 잡아 철도회사를 운영해서 부자 대열에 들어섰다. 철도회사를 안정되게 운영하던 중 철강의 수요가 급증하는 기회를 포착해서 철강 사업에 뛰어들고 철강왕이라는 영예를 얻었다.

숨어 있는 기회와 위기를 찾아내야 한다. 위기와 기회는 드러날 수도 있지만 보이지 않는 경우도 있다. 비즈니스에 관련된 시대 흐름과 트렌드를 보면서 상황을 파악하고, 내부이슈와 외부이슈를 관리할 때 찾을 수 있다.

기회를 살리려는 적극적인 자세가 꼭 필요하다. 기회는 찾아올 때도 있지만 만들어내는 것이 중요하다. 감나무 밑에서 다 익은 홍시가 떨어지기를 기다리지 말고, 빨간 홍시를 발견해서 긴 막대로 따야 한다. 어느 바구니에 홍시가 많이 담길 것인지 답은 분명하다. 위기에 대해서도 스스로 사라지기를 기다릴 것이 아니라 해소하기 위한 조처를 해야 한다. 위기를 겁낼 필요는 없다. 두려움이 가득 차 움츠린 상태로 해결할 수 있는 일이 아니다. 기업에 찾아온 위기도 해결할 수 있다는 자신감을 가지고 적극적으로 나서야 한다.

전에 근무했던 회사는 기회를 잘 살린 기업이다. 대표자는 시골에서 서울에 올라와 온갖 궂은일을 경험했다. 가장 궂은일은 서울 시내 하수도에 들어가 바닥에 쌓여 있는 퇴적물을 처리하는 일이었다. 하수도 일을 하던 중 우연한 기회에 '부단수不斷水'라는 상수도 공사 공법이 우리나라에 막 도입되었다는 사실을 알았다. 도시는 커지고 택

지개발과 아파트단지가 늘어나면서 당연히 상수도 공사가 늘어나는 상황이었다.

상수도 공사를 하면 단수를 하여 주민 불편이 생기게 마련인데 단수하지 않고 할 수 있는 공법이 들어온 것이다. 하수도 일을 접고 형님에게 돈을 빌려 장비를 샀다. 눈썰미와 손재주가 좋아 기술을 빠르게 습득했다. 부단수 공사가 급증하였고 사업이 번창해 회사의 규모를 키울 수 있었다. 부단수 공법의 편리함이 새로운 기회가 될 것이라고 보았고, 상수도 공사가 늘어나는 기회를 잘 포착했다. 기회를 살리기 위해 과감한 투자를 했고 시기적절하게 기술력도 갖추어 성공을 거두었다. 그분은 이후에 '부단수밸브'라는 새로운 제품과 시공기술을 남다르게 보았고 이미 부단수에 길든 시장에서 새로운 기회를 잡아 더 성장하고 안정된 기업을 경영하고 있다. 기회는 살리는 자에게 웃는 얼굴을 내민다.

SWOT 없이 전략을 논하지 말라

직장생활을 할 때 프로젝트를 시행하기 위해 환경을 분석하고 전략을 수립하는 경우가 자주 있었다. 컨설턴트로 활동하는 동안 많은 기업이 기획하는 일을 지도했다. 이때 가장 유용하게 활용한 도구가 SWOT 분석이다. 많은 기업에서 SWOT 분석을 사용한다. 마케팅 전략을 수립하고, 기업이 나아갈 방향을 정하고, 새로운 사업에 진출할 때 필요하다. 그 외에도 여러 목적에 이용한다. 어느 기업이나 흔하게 SWOT 분석을 사용하고 있는 줄로 알고 있었다. 의외로 사용하는 기업이 많지 않았다. 심지어 그게 뭔지도 모르는 기업이 너무 많았다. 이 좋은 도구를 모르고 있다는 사실이 안타깝다.

ISO 경영시스템을 도입하는 기업은 우선 조직의 상황을 분석하고 이해해야 한다. 분석 결과는 더 나은 방향으로 나아가기 위한 전략 수립의 기초가 된다. 성공하는 기업의 전략회의에서 가장 손쉽게 사용하는 방법이 SWOT 분석이다. SWOT 분석은 미국의 경영컨설턴트이자 1960~1970년대 스탠퍼드 대학에서 연구 프로젝트를 이끌었던 앨버트 험프리Albert Humphrey에 의해 고안되었다. 이해하고 활용하기 쉬워서 전 세계로 퍼져나가 지금도 널리 사용되고 있다. 강점 Strength, 약점Weakness, 기회Opportunity, 위협Threat의 영문 머리글자를 조합해서 SWOT 분석이라 칭한다. 강점, 약점, 기회, 위기를 하나의 표에 정리하여 상황을 파악하는 데 유용하다.

SWOT 분석의 궁극적인 목적은 도달할 수 있는 목표 설정과 실현할 수 있는 전략 수립이다. 목표는 기업의 내부환경과 외부환경을 있는 그대로 반영하여 수립했을 때 달성할 수 있다. 경영전략 또한 내·외부 환경을 토대로 수립했을 때 실행이 가능하고 만족할 만한 결과를 만들 수 있다. SWOT 분석의 가장 큰 장점은 기업의 내부와 외부 환경 변화를 동시에 파악할 수 있다는 데 있다. 기업의 전략을 수립하기 위해서는 분석이 먼저 이루어져야 하는데 이보다 더 유용한 도구는 없다. 내부환경을 분석해서 강점과 약점을 파악하고, 외부환경에서는 기회와 위협을 분석한다. 앞에서 우리는 강점과 약점, 기회와 위기를 살펴보았다. 이때 파악한 내용을 SWOT 분석에 대입하도록 하자. 위기는 위협으로 이해하면 된다. 이렇게 분석한 SWOT 분석 내용을 표로 정리하면 한눈에 볼 수 있다.

내부환경	
강점(Strength)	약점(Weakness)

외부환경	
기회(Opportunity)	위협(Threat)

SWOT 분석을 마쳤으면 이제 전략을 수립해야 한다. 경영전략은 강점을 최대한 활용하고 약점은 보완하면서 외부의 기회는 최대한 살리고 위협은 회피하는 방향으로 수립한다. SWOT 분석에 의한 경영전략은 다음과 같이 정리할 수 있다. 각각의 전략은 내부환경과 외부환경의 요소를 조합하여 수립한다.

SO 전략(강점-기회 전략): **강점을 살려 기회를 포착**

가장 집중해야 하는 전략이다. 강점은 기회를 살려 성과를 만들어 내는 곳에 사용하는 것이 가장 바람직하다. 기업의 자원을 공격적으로 활용한다. 시장이 형성된 해외 진출, 매출이 늘어날 것으로 예상되는 제품 생산을 위한 설비 투자, 인재 충원 등을 들 수 있다.

ST 전략(강점-위협 전략): 강점을 살려 위협을 회피

강점을 위협을 회피하거나 벗어나기 위해 활용하는 것도 중요하다. 기업은 외부의 위협과 영향에 흔들리지 않아야 한다. 일부 사업을 축소하고 주력 사업에 더 집중하거나, 수금이 어려운 거래처를 정리하고 새로운 고객을 적극적으로 발굴하는 전략을 취할 수 있다.

WO 전략(약점-기회 전략): 약점을 보완하며 기회를 포착

기회가 널려 있는데 과감하게 도전할 수 없는 상황이다. 이때 무리하면 자칫하다 위기를 맞을 수 있기 때문에 신중해야 한다. 전략적 파트너와 협력관계를 형성하거나 경쟁력 있는 기업을 인수 합병하는 방법 등을 들 수 있다.

WT 전략(약점-위협 전략): 약점을 보완하여 위협을 회피

가장 어렵고 답답한 상황이다. 섣불리 나설 수도 없고 손놓고 있다가는 큰 어려움에 빠질 수 있다. 소나기는 피하고 볼 일이다. 시장에서 철수하거나 사업을 축소해서 위기를 모면한다. 환경이 변화하는 추이를 지켜보며 약점을 보완해야 한다.

SWOT 분석 내용과 취할 수 있는 전략을 표 하나에 정리하면 한눈에 알아보기 쉽다.

내부환경 외부환경	강 점 Strength	약 점 Weakness
	SO 전략	WO 전략
기 회 Opportunity		
	ST 전략	WT 전략
위 협 Threat		

　SWOT 분석은 목표와 전략을 수립하기에 유용한 도구이다. 전략을 수립하기 위해 기업은 내부환경과 외부환경을 정확하게 바라볼 수 있는 역량과 관심을 갖추고 있어야 한다. 환경을 바르게 분석했는지 여부가 기업을 성장시킬 수도 있고 위축시킬 수도 있기 때문에 경각심을 가져야 한다. 분석은 전략수립으로 이어진다. 다양한 전략 대안을 마련했을 때 가장 효과적인 결과를 만들 수 있다. 작은 회사일 때에는 환경과 전략에 관심을 유지하는 능력이 부족하다. 기업 규모가 커질수록 기회도 많고 위협도 강하기 마련이므로 SWOT 분석과 전략수립의 필요성이 커진다. SWOT 분석을 처음 접했든, 알고 있었지만 필요하지 않다고 여겨왔든 상관이 없다. 이제 얼마나 중요한지를 알게 되었으니 기업이 지속하는 한 절대 놓지 말아야 한다.

　환경은 늘 변한다. 미래에는 지금까지 변해온 속도보다 더 빨리 바뀔 것이다. 환경분석과 전략수립은 한 번으로 그쳐서는 안 된다. 정기적으로 검토하고 중요한 환경변화가 있을 때마다 즉시 반영하며 대처해야 한다. 지금 당장 임직원들이 머리를 맞대고 3×3표를 만들어서 그 안에 내외부환경과 전략을 작성해보라. 4장은 목표수립에 관한 내용이다. 서툴더라도 꼭 한번 작성해보고 다음 장으로 넘어갈 것을 권한다.

리더십 비즈니스 코드 4 　인재가 자산이다

> "나는 내 일생을 통해서 80퍼센트는 인재를 모으고 기르고 육성하는 데 보냈다. 삼성이 발전한 것도 유능한 인재를 많이 기용한 결과이다."

　삼성그룹을 창업한 이병철 회장이 생전에 했던 말이다. 삼성그룹에 최고의 인재가 모여 있고 그들이 오늘날의 삼성을 만들었다는 점은 모두가 인정하는 사실이다. 최고의 인재를 모았는데 아직도 그들은 인재를 키우고 있다. 인재가 기업을 일으키고, 기업이 인재를 키우는 선순환이 끊임없이 이어지고 있다. 기업이 인재를 확보하는 것이 얼마나 중요한지는 길게 말하지 않아도 될 것이다.

　리더라면 인재를 확보하는 일에 많은 관심을 두게 마련이다. 인재를 확보하는 것만큼 인재를 키우는 데에도 투자를 아끼지 않는다. 인재 욕심이 없는 리더는 없다. 유비는 최고의 지략가를 얻기 위해 제갈량의 초가 집에 세 번을 찾아갔다. 기업에 필요한 인재를 얻을 수만 있다면 어느 리더가 이런 수고를 마다할 수 있을까? 리더가 인재를 알아본다면 제갈량이 유비에게 했던 것처럼 충성과 지혜를 내놓을 것이다.

N사는 수도권 산업단지에서 30년 가까이 사업을 이어오고 있는 기업이다. 심사를 위해 방문했을 때 대표이사와 점심을 같이하면서 대화가 이어졌다. 사람이 없다고 말씀하신다. 서울에서 떨어져 있는 중소기업이라 채용이 어렵다는 하소연이다. 70명이 넘는 직원이 있는데 아직도 많이 부족한지를 물었다. 부족해서가 아니라 마음에 쏙 드는 인재가 더 있으면 좋겠다는 표현이다. 어떤 인재를 원하는지 다시 물었다. "회사에서 잘 노는 사람"이 필요하단다. 회사가 아이들 놀이터도 아닌데 "잘 노는 사람"이 필요하다는 답변에 조금 놀랐다.

대표이사가 하는 말의 요지는 일을 수월하고 완벽하게 처리하는 사람은 회사생활이 재미있을 수밖에 없다는 것이다. 그런 직원은 당연히 지식과 경험이 풍부하고 일머리가 좋아 맡긴 일마다 잘 처리한다. 회사에서 일하는 것이 즐겁고, 보는 사람도 기쁘다. 회사에서 재미있고 기쁘게 노는 인재가 필요하다는 것이다.

리더가 인재를 얻기 위해 먼저 할 일은 기업에 필요한 인재상人材像을 확립하는 것이다. 많은 기업이 회사 홈페이지에 인재상을 분명하게 밝히고 있다. 회사 이미지를 좋게 하기 위해 온갖 좋은 말을 가져다 놓은 것이 아니다. 기업의 현재와 미래를 생각하며 꼭 필요한 능력을 고심 끝에 정한 것이다. 회사에서 마음껏 '노는' 사람이 필요하기에 '잘 노는' 사람을 찾고 있다.

인재를 알아보는 안목을 길러야 한다. 안목은 보는 눈에 그치지 않고 인정해주는 것을 포함한다. 한 분야의 전문가들은 그들의 일과 관련된 사물, 현상, 사람을 알아보는 안목이 있다. 선수가 선수를 알아보듯, 기업의 리더라면 인재를 알아보는 능력이 필요하다. 회사 안에 있는 인재이든, 회사 밖에서 만난 사람이든 알아보고 인정할 줄 알아야 한다.

인재가 모이고 인재를 키울 수 있는 시스템을 만들어야 한다. 인재가 잘 놀 수 있는 놀이터를 만드는 것이다. 급여, 포상, 교육, 책임과 권한을 분명하게 내어주는 기업이라면 인재가 모이고 능력을 더 키워갈 것이다. 인재와 회사, 회사와 인재가 서로를 위해 더 내어주는 일들이 계속될 것이다.

옛 어른들은 자식을 어디에도 비할 데 없는 재산으로 여겼다. 자식 많은 집을 다복多福하다고 했다. 자식들이 곁에 있는 자체로 복이다. 기업의 인재는 자식 같은 자산이다. 인재가 있는 자체로 큰 복을 누리고 있다. 기업의 리더는 인재를 확보하고 더 키워 자산을 키워가야 한다. 리더는 인재를 모으고, 키우고, 인정해주는 자산가가 되어야 한다.

3장
2단계
: 눈을 뜨고 귀를 열어라

고객이 없는 기업은 없다. 비즈니스의 성패는 고객과의 관계로 결정된다. 고객의 목소리를 잘 들으면 관계는 끊어지지 않고 더 단단해진다. 고객의 요구와 기대를 충족시키기 위해 귀를 열고 몸을 가까이 가져가야 한다. 기업 가까이에 있는 이해관계자도 끊임없이 말하고 있다. 고객만 바라보는 경영은 완벽하지 않다. 이해관계자의 목소리 또한 기업이 기회를 잡고 위기를 벗어나도록 길을 제시하고 있다. 고객에게 귀를 기울이듯 이해관계자의 목소리도 들어야 한다.

고객과 이해관계자가 누구인지, 그들이 기업에 요구하는 것이 무엇인지 정확하게 파악해야 한다. 고객만 바라보던 경영을 넘어 기업 경영에 영향을 주고받는 존재가 누구이며 어떤 점을 요구하는지 이해하고 있어야 한다. 고객과 이해관계자는 변하고 있다. 변화는 기회이자 위기이다. 고객과 이해관계자는 변하는 요구와 기대를 충족해주는 기업과 연결된 끈을 더욱더 튼튼하게 잡을 것이다.

이제 잠재고객은 없다

1984년 중국 최대의 전자제품 기업 하이얼의 대표이사가 된 장루이민張瑞敏. 품질이 나쁜 냉장고 76대를 모아놓고 노동자들과 함께 부숴버렸다. 그 후엔 엔지니어들을 회사 밖으로 보내서 고객들이 자사 제품을 어떻게 사용하는지 알아보게 했다. 회사 안에서 자신들의 생각만 고수하지 말고 적극적으로 고객에게 다가가서 직접 보고 들으라는 의도였다. 그 결과, 세탁기에 채소를 세척하는 코스를 집어넣고, 접이식 책상이 달린 냉장고도 출시했다. 고객에게 집중한 결과 혁신적인 기업으로 인정받고 성공신화를 거듭하게 되었다. 기업의 운명을 고객이 쥐고 있다는 사실을 보여준 것이다.

고객들은 다양하다. 나이, 지역, 사는 환경에 따라 각자 다른 모습과 생각을 하고 있다. 당연히 제품을 사용하는 모습과 습관이 다르다. 고객들의 기대와 요구도 다를 수밖에 없다. "고객이 없으면 기업도 없다." 너무 흔한 표현일까? 틀린 말은 아니지만 21세기에 이런 슬로건 하나에만 의지하고 있는 기업은 없다. 지금 이 순간에도 기업의 눈과 귀는 고객을 향하고 있다. 온몸과 마음이 고객을 향하고 있다는 표현이 더 맞다. 오직 고객만족이 기업이 살길이라고 믿어왔다.

고객 없는 기업은 있을 수 없고, 고객만족 없이 기업이 수익을 올릴 수 없다. 고객만족에 그치지 않고 '고객 졸도'라는 말까지 있었다. 기업이 살고 죽는 것은 고객에게 달려 있기 때문이다.

기업의 고객은 누구인가? 비용을 지불하는 사람이면 모두 고객인가? 영어에서 소비자는 'consumer'이다. consumer는 제품이나 서비스를 이용하는 사람에 불과한 일회성 구매자를 의미한다. 고객의 뜻을 가진 'customer'는 'custom(습관)'에서 유래했다. 고객은 습관처럼 꾸준히 구매한다. 과거와 현재, 미래까지 동행한다. 우리나라 표현에서 '단골'이 어울린다. 소비자와 고객을 굳이 구분해야 한다는 의미가 아니다. 두 의미를 차별하는 것은 매우 어리석은 생각이다. 소비자는 언제라도 고객이 될 수 있다. 다양한 선택지가 있는 현대사회에서 고객은 소비자로 입장을 쉽게 바꿀 수도 있다.

고객은 어디에 있는가? 지금 매장 안에서 지갑을 열고 있는 사람들만 고객으로 여기는 것은 좁은 생각이다. 기업과 제품, 서비스에 관심 있는 모든 사람이 고객이다. 심지어 집 안에서 불평을 일삼는 사람도 고객으로 인정해야 한다. 고객은 우리나라 안에만 있다고 생각해서도 안 된다. 자유무역이 세계경제의 당연한 질서가 된 지 이미 오래다. 해외직구를 통해 안방에서 외국에 있는 제품을 구매한다. 아마존닷컴을 통해 우리나라 호미와 마스크가 전 세계에 팔려나가는 시대이다.

상수도용 밸브를 생산하는 회사에 재직했던 적이 있다. 국내 시장의 80~90퍼센트를 점유할 정도로 품질이 우수했다. 이 제품이 멀리 바다 건너 호주에 수출되리라고는 생각하지도 못했다. 하지만 지금은 호주에서 주문이 들어온다. 고객은 가까이에만 있지 않다. 전 세계가 하나의 시장이고, 모든 나라에 고객이 널려 있다.

'잠재고객'이라는 단어에서 '잠재'를 과감히 버리자. 지금 그들이 어디에 있는지 볼 수는 없지만 언제라도 돈을 낼 준비가 되어 있다. 만족할 수 있다면 금액이 많거나 적은 것은 중요하지 않다. 단, 기업이 그들의 목소리를 듣고 마음을 읽어줄 때 가능한 일이다. '한 번 고객은 영원한 고객'이라는 말이 있다. 기업이 고객을 놓치지 않으려는 노력을 빗댄 표현이다. 그렇다면 고객은 영원한 고객이 되고 싶을까? 충성심이 강한 아이돌 그룹의 팬클럽조차 영원하지는 않다. 하물며 필요를 채우기 위해 거래하는 대상을 영원히 내려놓지 않을 사람이 얼마나 될까?

> "보스는 단 한 사람, 고객뿐이다. 고객은 회장에서부터 하부의 구성원들까지 모두 해고할 수 있는 능력이 있다. 고객이 다른 곳에 돈을 쓰면 결국 우리는 일자리를 모두 잃을 수밖에 없다."

미국의 유통기업 월마트를 창립한 샘 월튼Samuel Moore Walton 회장의 말이다. 기업에는 고객이 있다. 가장 높은 곳에 자리 잡고, 가장 높은 권위를 가지고 있다. 직장인의 목숨은 최고경영자가 아닌 고객이 쥐고 있다. 살아남고 싶은 기업은 고객의 존재를 깊이 느껴야 한다. 기업 곁에 고객이 있다. 드러나지 않는 고객도 있다. 고객은 어디에선가 기업이 인식하지 못하는 순간에도 주시하고 있다. 어디인가 있는 고객이 기업의 사활을 결정한다.

고객은 말이 없다?

새로 사서 오래 쓰지 않은 핸드폰을 수리하고 나오는데 수리기사가 한마디를 건넨다.

"고객님, 본사에서 해피콜이 오면 꼭 '매우 만족'으로 답변 부탁합니다."

새 휴대폰을 고장 내서 씁쓸했던 마음이 조금 누그러지려는 찰나에 기분 좋게 들리지 않은 말 한마디가 귀에 거슬린다. 그리하겠다고 답하지만 이런 식의 고객만족 조사로 고객의 진정한 마음을 얻을 수 있을지 의문이다. 전자회사의 고객만족도 조사는 직원을 평가하고 감시하기 위한 회사 차원의 조사일 뿐 고객을 위한 마음을 찾아보기 어렵다.

고객은 무엇을 원할까? 고객의 목소리를 놓치지 않아야 한다. 칭찬도 받아들이고 불평도 받아들여야 한다. 고객의 칭찬과 격려는 커다란 응원이 된다. 불만과 질타도 더 잘하라는 마음이 담긴 목소리로 알아들어야 한다. 사랑의 반대말은 무관심이라는 말이 있다. 어떤 연예인은 자신의 기사에 악플이 달린 것보다 댓글이 없을 때 더 서글프다고 한다. 심지어 관심을 얻기 위해 노이즈마케팅도 하지 않는가?

제품과 서비스에 대해 무리하게 요구할 수도 있다. 기업의 기술과 경영여건으로는 따라갈 수 없는 지경까지 원할 수도 있다. 하지만 들어야 한다. 21세기 기업이 처한 현실이 그렇다. 경쟁이 치열한 시대이다. 공급이 수요보다 많으니 고객이 기업을 선택하는 것은 당연하다.

고객의 목소리를 듣고 고객이 요구하는 내용을 제품과 서비스에 담아야 한다. 고객의 목소리를 들어야 하는 이유이다. 고객이 원하지 않는 제품이 선택받을 것이라는 막연한 기대는 접도록 하자. 제품을 개발하거나 개선할 때 가장 먼저 고객부터 생각해야 한다. 고객이 요구하는 것들은 무엇인지, 우리 회사가 수용할 수 있는지, 실현하기 위해서는 어떤 점을 보완해야 하는지를 고민해야 한다. 이 과정을 건너뛰고 기업이 만들기 쉬운 제품, 남들 것을 비슷하게 흉내 낸 제품으로는 절대 성공할 수 없기 때문이다.

고객은 변하기 마련이다. 트렌드를 따라 마음이 변하고, 나이가 들어가면서 원하는 것들이 달라진다. 기술이 발달하면 거기에 환호하고 새로운 콘텐츠를 보며 공감하기 쉬운 환경에 살고 있다. 고객은 지금까지와는 다른 길로 들어설 준비가 항상 되어 있다. 세대가 달라져서 생각과 가치관이 변한다. 예전에는 당연하다고 여기던 것들이 실용과 미적 가치를 인정받지 못한다. 오랫동안 지켜온 기술이 이제는 인정받지 못한다. 고객은 예전에 좋았던 것보다 지금의 가치관이 반영된 것들에 마음이 먼저 간다. 개인고객뿐만 아니라 B2B 비즈니스의 기업고객도 마찬가지다. 그들은 언제라도 선택을 바꾸는 것이 당연하다고 여긴다. 이익 앞에서 새로운 거래처를 찾고, 기술이 따라

오지 못하면 버릴 수밖에 없다. 오랜 고객이라도 마음을 놓고 안심할 수 없다.

세계적 모터사이클 브랜드인 할리데이비슨Harley Davidson의 부사장을 지낸 존 러셀John Russel이 고객에게 다가가 그들의 목소리를 들어야 하는 이유에 대해 답을 주었다.

> "고객과 더 많이 소통할수록 해야 할 일은 더 명확해지고 무엇을 해야 할지 결정하기도 쉬워진다."

고객에게 집중하는 이유는 제품과 서비스를 통해 기업이 나아갈 방향을 설정할 수 있기 때문이다. 독불장군 중에서 최악은 고객의 생각을 무시하는 기업일 것이다. 고객들의 변화하는 생각까지 정확히 예측할 때 최상의 고객만족이 이루어진다. 기업이 고객의 마음을 얻지 못하면 어떻게 될지 깊이 생각해보자.

ISO 경영시스템 인증심사를 할 때는 반드시 경영자 면담을 진행한다. 이때 최고경영자에게 고객이 누구인지, 고객 의견은 어떤 것들이 있는지, 그들의 트렌드는 어떤 현상을 보이는지 질문한다. 거기에 더해 고객에게 어떤 가치를 제공하는지도 묻는다. 때론 자신 있게 답하는 분들도 계시지만 이 질문에 대해 오래전 무용담을 말하거나 심지어 답하지 못하는 경우도 있다.

고객에게 물건과 서비스가 아닌 가치를 제공해야 한다. 기본을 갖추었다고 매출이 일어나지는 않는다. 기업의 기술은 원가 절감과 빠른 생산성에 그쳐서는 안 된다. 제품과 서비스 하나하나에 마음을 담고 가치를 덧입혀야 한다. 고객이 누구인지, 어디에 있는지를 반드시 확인하고 목소리도 빠뜨리지 말고 귀담아듣자. 고객이 요구하는 바를 제품과 서비스에 담고 경영에 반영해야 한다. 고객에게 집중하고 고객의 요구에 가치로 답하는 기업에 고객은 성장과 성공을 가져다줄 준비가 되어 있다.

`

이해관계자라는 복병

전쟁에서 복병은 승리를 좌우하는 결정적인 역할을 한다. 복병을 잘 배치하고 작전을 펼치면 큰 승리를 거둘 수 있다. 적이 숨겨놓은 복병을 알아차리지 못하면 큰 낭패를 겪는다. 우리나라 독립운동사에 빛나는 청산리전투와 봉오동전투에서 복병을 매복해 일본군 정규부대를 궤멸시키는 놀라운 결과를 얻었다. 독립군은 잘 훈련된 복병을 적재적소에 매복해 큰 승리를 거두었다. 일본군은 복병의 존재를 무시해서 예상하지 못했던 참패를 맛보았다.

기업에는 고객에게 가려진 복병이 있다. 기업 내부와 외부에서 엄연히 존재하지만 주목받지 못했던 '이해관계자'가 고객 뒤에 자리 잡고 있다. 이해관계자는 기업에 영향을 주는 모든 개인과 단체를 일컫는다. 고객뿐만 아니라 기업의 비즈니스와 관련 있는 기관, 단체, 법인, 커뮤니티가 이해관계자에 해당한다. 고객은 기업과 막강한 영향을 주고받기 때문에 당연히 이해관계자에 포함된다. 기업 외부에서 말하는 내용을 듣기 위해 고객에게 집중해야 한다. 그러나 '고객에게만' 집중하는 것으로는 부족하다. 이해관계자의 목소리와 요구사항도 반드시 듣고 수용해야 한다. 어떤 면에서는 이해관계자가 고객보다 더 큰 힘을 가지고 있다.

어느 범위까지, 누구를 이해관계자로 보아야 하는가? 기업에 영향을 주는 모든 개인이나 단체를 포함한다. 정책을 통해 기업을 지원하거나 규제하는 국가와 공공기관은 반드시 포함된다. 원자재, 서비스, 기술과 특허를 공급하는 협력사뿐만 아니라 치열한 경쟁 관계에 있는 경쟁사도 이해관계자에 포함된다. 기업 주변에 거주하는 지역민과 지역사회 단체들도 기업에 영향을 미치기는 마찬가지다. 자금을 융자해준 은행과 투자자를 무시할 수 없다. 언제든지 자금을 회수해 가거나 이자율, 배당금을 무기로 압박할 수 있다. 기업이 투자한 회사도 관심을 두어야 한다. 이 회사의 경영이 불안정하면 모기업도 위험할 수 있다.

기업 내부에도 이해관계자들이 존재한다. 임직원, 노동조합, 이사회, 그리고 주주와 투자자들이다. 이들은 기업의 성장에 누구보다 앞장서는 협력자가 된다. 하지만 기업의 통제 아래 놓여 있다고 무시하거나 시선을 거두면 감당할 수 없는 위협이 되기도 한다.

ISO 9001 인증을 위해 컨설팅을 해주었던 기업의 대표이사가 내부 이해관계자에 대해 마뜩찮은 반응을 보인 적이 있다. "내가 월급 주고 일 시키고 있는데 그 사람들에게 영향을 받아야 하느냐?"는 식이었다. 임직원만큼 중요한 이해관계자는 없다고 답해주었다. 회사의 혁신, 기술, 영업, 위기극복이 이들에 의해 이루어진다. 회사의 존폐가 달려 있다. 고객보다 더 큰 영향을 주는 존재가 기업 안에 있는 이해관계자라고 이해를 시켜주었다. 다행히 대표이사는 그 내용과 중요성을 느끼고 생각을 바꾸게 되었다.

임직원들은 기업 경영을 위해 반드시 함께 힘을 합해야 할 동료들이지만 때로는 불만을 쏟아내서 곤경에 빠뜨리기도 한다. 노동조합은 권리를 주장하며 경영진들과 긴장 관계를 만들지만 어려움에 부닥쳐 있을 때는 운명을 같이하는 존재다. 이사회는 경영진의 전략을 전적으로 지원하지만 잘못된 방향으로 진입할 때에는 제동장치를 작동시킨다. 기업 내부 이해관계자에게 목소리와 생각을 집중해야 하는 이유이다.

이해관계자는 언제나, 어떤 방식으로든 기업의 경영에 직간접적인 영향을 미칠 수 있다. 우호적인 환경을 조성하거나 사업에 날개를 달 기회를 제공하기도 하지만 때로는 각종 압력을 가해서 곤란한 상황에 빠뜨리기도 하고 위기를 가져오기도 한다. 영향의 크기가 다를 뿐 영향을 미치지 않을 수는 없다. 이해관계자는 기업 눈에 보이지 않는 복병과 같다. 기업이 이들의 기대와 요구를 잘 파악하고 대처하면 승리를 가져오는 아군의 복병이 된다. 이해관계자를 향한 관심을 거두고 좁은 시선으로 나아간다면 기업에 돌이킬 수 없는 피해를 주는 적군의 복병이 될 것이다.

이해관계자라는 선물

이해관계자는 기업 경영에 영향을 주고받는 위치에 있다. 영향은 부정적인 의미만 담고 있는 것은 아니다. 기회와 이익을 가져오기도 하고 위기와 불이익을 주기도 한다. 때로는 도움이 되었다가 상황에 따라 위협이 될 수도 있다. 기업은 이해관계자의 움직임과 목소리에 집중해야 한다. 기회를 살리고 위기를 벗어나기 위해서다. 기회는 반드시 잡아야 하며, 위협은 예방해서 회사가 영향을 받지 않거나 최소한의 손해만 겪고 빨리 벗어나야 한다.

국가와 지방정부는 정책과 예산을 통해 기업에 혜택과 지원을 제공한다. 코로나19 상황 이후 정부의 지원은 강화될 것이다. 하지만 소비자에게 해가 되거나 공정한 경쟁이 무너질 수 있을 때는 가차 없이 규제를 가하기도 한다. 지원과 규제가 어느 기업에는 기회가 되고, 어느 기업에는 위기가 된다.

경쟁사는 눈엣가시로만 보이지만 때로는 협력해서 시장을 같이 넓히기 위해 손을 내밀기도 한다. 협력회사는 늘 최상의 원자재와 서비스를 공급하지만 때로는 공급가를 높여달라는 요구를 한다. 요구를 들어주지 않으면 경쟁사와 손을 잡고 곤란한 상황을 만들 때도 있다.

은행은 이자율을 가지고 기업을 울고 웃게 만든다. 지분을 가지고 있는 투자자들은 기업이 자본금을 확보해서 활로를 뚫을 수 있도록 도와주는 고마운 관계이다. 하지만 투자에 따른 높은 배당을 요구하고, 때로는 경영에 간섭하려는 속셈을 노출하기도 한다.

기업 내부에 있는 이해관계자는 임직원, 노동조합, 이사회, 그리고 주주들이다. 임직원들은 기업 경영을 위해 반드시 함께 힘을 합해야 할 동료들이지만 때로는 불만을 쏟아내서 곤경에 빠뜨리기도 한다. 기업을 위해 아이디어를 제공하고 끊임없는 개선과 혁신에 기꺼이 동참한다. 회사의 대우가 기대에 미치지 못하면 불평하거나 서슴없이 이직해버려 곤경에 빠뜨리기도 한다. 노동조합은 권리를 주장하며 경영진들과 긴장 관계를 만들지만, 우호적인 관계를 형성해놓으면 어려움에 부닥쳐 있을 때 운명을 같이하는 공동체가 된다. 이사회는 경영진의 전략을 전적으로 지원하고 동참하지만 잘못된 방향으로 진입할 때에는 제동을 건다. 주주들은 높은 배당 앞에서는 환호하지만 언제라도 배당이 기대에 못 미칠 때 다른 길을 갈 수 있다.

고객이 제품의 품질과 기능에 대해 요구하는 내용을 기업이 들어주는 것은 당연하다. 하지만 무턱대고 모든 요구를 들어줄 수는 없는 노릇이다. 이해관계자들의 생각과 고객의 요구가 다르면 기업은 최선의 선택을 해야 한다. 법과 제도에서 벗어나는 요구라면 절대 안 된다. 고객의 요구와 이해관계자의 협력이 맞아들면 큰 기회를 가져온다. 직원들도 고객의 요구에 대한 의견이 있을 수 있다. 요구를 당연히 들어주지만, 기업의 기술력으로 감당할 수 없거나 무리한 희생이 뒤따를 때는 수용하기 힘든 기업 내부의 목소리에도 귀를 기울여야 한다. 바람직하지 않은 이익을 뒤쫓다가 기업의 존폐를 걱정해야 하는 상황이 올 수도 있기 때문이다.

이해관계자의 요구에 대응해야 한다. 이해관계자가 기업에 요구하는 사항을 각각 파악해서 정리해보자. 고객의 목소리도 당연히 포함한다. 때로는 공통되는 내용도 있고 완전히 상반되는 내용도 있다. 각각의 내용에 대해 어떻게 대응할 것인지 결정한다. 수용할 것인지 포기할 것인지, 당장 진행할 것인지 기한을 두고 차분히 진행할 것인지 판단해야 한다. 한 번으로 그치지 않고 변화하는 이해관계자의 요구를 주기적으로 파악해서 놓치지 않도록 한다.

반도체 제조용 설비를 생산하고 설치하는 J사를 심사한 적이 있다. 국내보다는 주로 해외 기업들이 주 고객이었다. 개발팀장에게 고객 외에 어떤 이해관계자의 의견을 잘 반영하는지 물었다. 대답은 의외였다. "정부나 업계 의견에 관심을 두고 있지 않습니다. 특히 직원들이 개발에 대해 뭘 알겠습니까?" 다음 해에 다시 방문해서 같은 질문을 했더니 전혀 다른 답이 돌아왔다. "직원들이 큰 힘이 됩니다. 아이디어도 많이 주고 더 좋은 방법을 알려줍니다. 알고 봤더니 협회에서 나오는 자료도 알짜입니다." 1년 만에 이해관계자의 요구에 대응하는 자세가 달라졌다. 이해관계자가 가지고 있는 진가를 알아봤다는 점에 긍정적으로 평가했다.

제품과 서비스에 이해관계자의 요구를 반영해서 새로운 상품을 출시할 것인지, 기존 상품을 보완 할 것인지 검토해야 한다. 예산은 얼마까지 배정할지도 판단해야 한다. 이런 결정이 이해관계자의 요구 사항을 바르게 대응하는 자세이다. 이해관계자의 다른 이름은 기회 제공자이다.

축구는 열한 명이 한 팀이 되어 상대와 겨루는 스포츠다. 여러 선수와 지도자들이 강조하는 말이 있다.

"팀보다 위대한 선수는 없다."

제아무리 실력이 탁월한 선수라도 혼자서 모든 게임을 지배할 수는 없다. 최고의 축구선수인 메시라도 90분 내내 공을 소유할 수는 없다. 팀을 위해 헌신해야 하고 동료를 이용할 수 있어야 한다. 경기의 승패는 팀이 가져가는 것이지 한 선수에게 모든 영광을 돌리지 않는다. 상대를 이기기 위해서는 열한 명 전체가 한 몸처럼 플레이해야 한다. 자신이 맡은 포지션과 역할을 수행해야 하는 것은 물론이고, 동료들과 유기적으로 주고받으며 경기를 풀어간다. 각자의 능력과 스타일은 다르지만 같은 팀원들과 조화를 이루면서 경기에 임할 때 승리를 기대할 수 있다.

사람이 모여 일하는 모든 곳에는 조직이 있다. 대표적인 조직이 군이다. 유능한 병사 혼자 전투를 책임진다는 것은 상상할 수 없다. 부대를 이루어 책임과 역할을 나누고 적과 싸워야 한다. 아무리 능력이 탁월한 특수요원이라도 큰 부대를 상대로 혼자 싸울 수는 없다.

기업에서 조직을 구성하는 책임과 권한은 리더에게 있다. 특수한 프로젝트를 수행하기 위해 테스크포스팀을 만들더라도 최종 승인은 리더의 권한이며 의무이다. 리더는 가장 효율적이고 효과적인 팀을 구성해서 기대하는 결과를 얻어야 하기 때문이다. 기업이 부서와 팀을 구성해서 일하는 것은 당연하다. 모든 직원이 모래알처럼 각자 움직인다면 성과가 나오기 쉬운 업무에만 모두 모여들 것이다. 힘들고 성과 가능성이 낮은 업무는 빈틈이 생길 수 있다. 전 직원이 대표이사와 일대일로 대응하면 대표이사는 온종일 정신을 차릴 수 없을 것이다. 구슬이 서 말이라도 꿰어야 보배이듯 훌륭한 인재가 넘치는 회사라도 조직을 갖추고 있지 않으면 그들은 오합지졸에 불과하게 된다.

리더는 자신에게 주어진 책임과 권한으로 조직을 구성해서 성과와 효율이 나오도록 해야 한다. 이미 갖추어진 조직에 허점은 없는지, 더 나은 편성은 없는지 다시 한 번 돌아보자. 리더를 보좌할 수 있는 중간리더를 세우자. 인재들을 본부장, 부서장, 팀장으로 임명해서 적재적소에 배치한다. 대표이사 혼자서 모든 직원을 상대로 지시하고, 점검하고, 후진을 양성하는 일을 다 할 수 없다. 중간리더들은 최고경영자의 어깨를 가볍게 해줄 것이다. 팀원들과 더 가까이 밀착해서 독려하고 최상의 결과를 만들어줄 것이다. 분신처럼 일할 수 있는 인재를 중간리더로 세우자. 이렇게 만들어진 조직이 유능한 최고경영자 한 명이 가져오는 결과보다 더 나은 성과를 가져온다.

팀으로 일하는 회사가 되어야 한다. 한 사람의 열 걸음보다 열 사람의 한 걸음이 회사를 튼튼하게 만들어준다. 독불장군처럼 혼자 일하지 않고 팀이 함께 일하는 회사가 되어야 한다. 아무리 유능한 직원도 팀보다 강할 수는 없다. 협력하는 분위기를 만들어라. 정보를 공유하고 부족한 부분을 서로 보완해주는 회사가 되어야 한다. 자신의 성과에만 집중하면서 남을 견제하고 배척하는 조직은 한꺼번에 실패하게 된다. 팀 성과가 올라갈 때 개인의 성과도 같이 올라간다.

"天時不如地利, 地利不如人和(하늘의 기회는 견고한 요새에 미치지 못하고, 견고한 요새도 사람의 화합에는 미치지 못한다.)"

『맹자』의 「공손추 하公孫丑 下」에 나오는 말이다. 사람들이 힘과 뜻을 한데 모으지 못하면 아무리 좋은 무기와 갑옷을 가지고도 전쟁에서 이길 수 없다. 안정된 비즈니스 환경, 품질 좋은 제품, 풍부한 자금, 넘치는 인재를 갖추었더라도 화합하고 협력하는 조직이 되지 못하면 모래알에 불과하다. 조직을 갖추고 조직이 일하게 하라. 조직이 이룬 성과는 그 어떤 개인이 이룬 성과보다 위대하다. 리더는 모래알에 시멘트와 물을 부어 견고한 집을 만드는 창조자이다.

그들 안에 기업의 목표가 있다

서른두 살에 결혼해서 두 아이를 두고 있다. 요즘 결혼하는 부부들에 비하면 늦은 나이는 아니지만 친구들보다는 비교적 늦은 결혼이다. 늦게 결혼해 아이들을 낳아 키우면서 철이 들었는지 부모님 마음을 조금이나마 알 것 같다. 시골에서 힘들게 일하며 자식이 바르게 크도록 뒷받침해주신 부모님의 사랑이 한없이 고맙다. 나 역시 자식을 키우며 부모님께서 내게 주신만큼 나도 아이들에게 사랑을 주고 있는지 돌아보면 부족하고 부끄러울 때가 많다. 부모님 정성과 기대만큼 살고 있는지에 관한 물음에도 감히 대답하지 못하겠다. 부모님이 주신 사랑과 정성에 감사하며 사는 것은 당연하지만 감사만으로는 부족한 삶이다. 충분히 보답하며 살지는 못하더라도 사랑과 정성을 헛되게 만들지 않는 것이 자식 된 도리일 것이다.

비즈니스를 이어가는 동안 고마운 일을 한두 번이라도 겪어보지 않은 기업은 없을 것이다. 어려울 때 물심양면으로 응원해주고 믿어준 사람이 있었기에 지금의 모습을 유지하고 있다. 그 인연과 고마움 때문에 한눈팔지 않고 나아가고 있다. 은인 중에 가장 고마운 은인은 고객과 이해관계자들이다. 고객은 제품과 서비스를 구매해주어 기업에 이윤을 안겨준다. 이해관계자는 기회를 제공하고 위기를 넘을 수 있는 계기를 마련해준다. 고객과 이해관계자가 없이 홀로 서 있는 기업은 없다.

고객과 이해관계자가 기업에 전하는 목소리를 잘 듣고 제품과 서비스에 반영해서 기회를 만들어야 하는 것은 당연하다. 하지만 그들의 목소리에 담긴 기대와 요구를 눈앞의 제품개발과 개선에만 반영하는 데 그친다면 그 가치를 충분히 담지 못하는 안타까운 상황이다. 기대와 요구를 더 가치 있게 하는 방법은 기업의 목표와 기대에 반영하는 것이다. 사람이 부모님의 사랑을 저버리지 않고 반듯하게 성장하듯이 기업도 고객과 이해관계자의 기대를 저버려서는 안 된다. 그 기대와 요구에 맞게 비즈니스를 이어나가야 한다.

고객과 이해관계자의 요구와 기대를 경영목표에 반영해야 한다. 경영자의 욕심만으로 기업이 경영목표를 수립하는 것은 어리석은 일이다. 기업이 처한 상황과 이슈를 따져서 목표를 세우는 것은 당연하다. 여기서 더 나아가 목표를 세울 때 고객과 이해관계자가 기업에 거는 기대와 요구를 절대 빠뜨려서는 안 된다. 바른 목표는 고객과 이해관계자가 원하는 것을 이루는 일이다. 목표는 기업의 비즈니스와 연관성이 중요하다. 비즈니스의 방향을 제시해주는 고객과 이해관계자의 요구사항을 바탕으로 기업의 목표를 설정해야 한다. 목표는 또한 실현 가능해야 한다. 목표를 누구에게 의존해서 실현할 것인가? 고객과 이해관계자의 생각과 다르게 실천하면서 목표를 이룰 수는 없다.

유기질 비료를 생산하는 W사는 13년간 안정된 경영을 이어오고 있었다. 그런데 몇 년 전부터 경쟁사와 경쟁제품이 늘어나면서 매출에 영향이 있었다. 대표이사는 매년 전년보다 더 높은 목표를 설정하고 직원들을 독려했다. 대표이사가 정한 목표에는 오로지 매출 목표만 담겨 있었다. 항상 영업부만 들볶고 있어 영업사원들의 스트레스가 이만저만이 아니었다. 어떤 근거에 바탕을 두고 목표를 정하는지 물어보았다. 관례로 전년도 매출 대비 20퍼센트 늘어나는 목표를 정했지만 감소하는 추세에 있었다. 다른 요소가 반영된 것은 없었다.

목표를 정하기에 앞서 고객들과 관계된 기관이나 단체의 의견을 들어볼 것을 권했다. 늦가을 두 달 동안 영업사원들이 대리점과 판매점을 방문했고 유기질 비료를 쓰고 있는 농민들도 만나보았다. 여러 지역의 농업센터와 농작물 생산자 단체에도 방문했다. 자사 제품의 품질과 가격에 대한 인식을 조사했다. 타사 제품의 종류, 특성, 품질, 가격뿐만 아니라 농작물 재배 전망과 신품종 개발 상황도 알아보았다. 어떤 비료를 원하는지도 빼놓지 않고 들었다. 목표 설정이 달라졌다. 매출 목표를 10퍼센트 증가로 수정했다. 거기에 그치지 않고 신제품 개발, 생산기술 개발, 원가절감 목표를 도입했고 달성하기 위해 최선을 다했다. 다음 해 연말이 되었을 때 매출 10퍼센트 증가에는 조금 못 미쳤지만 감소 추세는 끝낼 수 있었다. 무엇보다도 경쟁해볼 만한 토대를 마련했다는 점에 높은 평가를 하고 있다.

고객과 이해관계자는 기업이 목표를 정할 수 있게 해주는 부모와 같다. 그들의 뜻이 헛되게 하지 않는 방법은 기업의 목표에 반영하고 달성하는 것이다. 고객과 이해관계자의 목소리를 듣고 목표에 반영하라. 기업이 성장하는 길을 묵묵히 동행해줄 것이다.

고객을 무시하라

고객을 무시하라? 고객의 목소리를 들어 제품, 서비스, 비즈니스에 반영하라고 강조했다. 고객의 목소리를 중시해야 한다고 하더니 이제 와서 고객을 무시하라고? 고객과 이해관계자의 요구는 기업에 방향을 알려주는 중요한 나침반이다. 나침반이 알려주는 방향을 무시하고 자신의 길을 간다면 길을 잃고 헤매게 된다. 앞으로 나아갈 수도 없고, 뒤로 물러서기에도 쉽지 않다. 고객을 무시하라는 의미는 제멋대로 하라는 의미가 아니다. 고객의 요구에만 충실한 나머지 기대를 뛰어넘지 않고 더는 나아가지 못하는 실수를 하지 말라는 뜻이다. 고객이 일러주는 방향으로 가면서 고객을 이끌어야 한다. 기대를 넘어 환호를 유발하는 것이 고객의 요구에 대해 진심을 가지고 대하는 길이다.

애플의 창업자 스티브 잡스Steve Jobs는 혁신가였다. 고객의 목소리를 귀담아듣는 것보다는 기대를 뛰어넘는 일에 더 집중했다. 고객의 요구를 담는 것으로는 작은 개선만 가능할 뿐이라고 생각했다. 그가 탄생시킨 아이팟은 젊은이들이 음악을 듣기 위해 가지고 있거나 가지고 싶었던 최고의 제품이었다. 한때 애플 전체 매출의 45퍼센트를 차지할 정도였다. 아이팟은 MP3 플레이어를 일컫는 대표 명사가 되었다. 잡스는 휴대폰 앞에 놓인 아이팟의 위기를 예견했다. 고객들의 요구를 받아들여 조금씩 개선하는 선에서는 절대 승산이 없다고 본 것이다.

그는 고객들의 목소리를 뛰어넘은 아이폰을 출시했다. 휴대폰에 필수인 자판을 없애고 터치스크린 기능을 개발했다. 2015년 기준으로 아이폰은 애플 전체 매출의 63퍼센트를 차지했고, 아이팟은 1퍼센트 미만을 유지했다. 애플은 그의 과감한 결단과 혁신을 통해 위기를 벗어나 흔들림 없이 시장을 지배하고 있다. 아이폰은 애플 그 자체가 되었으며, 새로운 혁신을 더한 아이폰이 계속 이어지고 있다. 새로 출시하는 아이폰은 고객의 요구를 담아내는 동시에 기대를 넘어서고 있다. 혁신을 담은 제품이 애플을 유지하고 있는 것이다.

고객을 무시하고 성공하는 기업은 없다. 무시하는 동시에 사라질 것이 분명하다. 요구를 대하는 자세도 마찬가지다. 고객 무시는 기업의 생존과 연결된다. 고객의 기대를 능가하지 못하는 기업이야말로 목소리를 무시하는 기업이다. 고객은 제품과 서비스의 혁신을 직접 말하지 않는다. 고객이 알려준 길에서 혁신을 발견해야 한다. 발견에서 그치지 않고 혁신을 창조하고, 고객이 걸어갈 길을 닦아놓고 기다려야 한다. 길이 끊어지지 않아야 계속 걸을 수 있고, 기업은 비즈니스를 이어갈 수 있다.

기업은 제품과 서비스를 통해 고객과 연결된다. 모든 기업은 고객과 맺은 끈을 놓지 않으려 몸부림치듯 최선을 다한다. 동시에 혁신을 이어가려 하고 있다. 혁신은 고객의 목소리만 바라보고 있는 상황에서는 이루어지지 않는다. 고객을 뛰어넘어야 가능하다. 고객의 기대를 넘어 고객을 리드해야 한다. 제품과 서비스에 예상을 뛰어넘는 혁신을 입혔을 때 고객을 리드하는 일이 가능하다.

리더십 비즈니스 코드 6 소 잡는 칼, 닭 잡는 칼

K라는 중소기업을 심사했을 때 직원들에게 들은 일화다. 사무실에는 직원 다섯 명이 근무하고 있었다. 각각 영업 지원, 회계, 설계, 품질, 자재를 담당했다. 그 외에 영업, 제조, 납품을 담당하는 직원들이 있었다. 거래처에 자재를 발주하는 일은 자재 담당자의 몫이었다. 그러나 대표이사는 눈에 보이는 아무에게나 그 일을 시켰다. 견적서를 작성하고 보내는 일은 영업 지원 담당자의 일인데 이 또한 누구나 시키면 거절하지 못하

고 처리해야 했다. 이렇게 하면 안 된다고 몇 번을 건의했지만 고쳐지지 않았다.

어느 날 대표이사가 A라는 직원에게 거래처에 발주서를 작성해서 보내고 전화해서 알려주라고 지시했다. 그런데 몇 시간 후에 마음이 바뀌었는지 B라는 직원에게는 그 회사에 다른 자재를 발주하고 통화하라고 지시했다. 대표이사는 처음 자재를 취소하고 다른 자재를 주문하라는 의도였는데 거기까지 정확히 알려주지 않았다. 두 직원은 시키는 대로 했고, 자재 담당자는 이 사실을 모르고 있었다.

며칠 후 두 가지 자재가 모두 입고되었다. 자재 담당자는 여태 해오던 대로 물건을 받아서 정리하고 있었다. 지나가다 그 광경을 본 대표이사는 노발대발했다. 왜 처음에 발주한 것을 취소하지 않았냐고 자재 담당자를 다그쳤다. 물건을 발주하고 입고되기까지 과정을 전혀 모르는 자재 담당자는 억울한 일이었다.

이 회사의 발주서 파일을 확인해보니 작성자가 여러 명이었다. 자재별 또는 업체별로 담당자가 구분된 것도 아니었다. 견적서도 마찬가지로 여러 사람이 작성한 것으로 확인되었다. 직원들은 다른 업무에서도 같은 상황이라고 이구동성으로 말했다. 업무 프로세스가 없거나 무용지물인 상황이다. 당연히 업무 효율을 기대하기 힘들다. 직원들도 힘들지만, 대표이사 자신도 매우 힘들 것이다. 쓸데없는 곳에 에너지를 많이 허비하고 있다.

리더는 직원들에게 역할을 나눠주어야 한다. 기업 상황과 경영환경에 따른 업무 내용과 양에 따라 업무를 분장한다. 각자 가진 능력과 경험에 따라 업무를 나누는 것이 지극히 당연한 일이다.

역할을 나눠주었다면 역할에 따라 일을 할 수 있게 해주어야 한다. 위 사례에서는 리더가 역할을 무시하고 역할을 수행할 수 있는 환경을 무너뜨렸다. 역할을 보장하고 장려해야 하는 리더가 취한 행동이라고는 믿기 힘들다. 역할의 구분이 없이 일하는 모습은 팀플레이나 화합과는 거리가 멀다.

하나의 일을 여러 사람이 같이 하면 공백이 발생하지 않는다고 항변할 수도 있다. 자신이 맡은 일이 명확하게 구별되고, 역할에 따라 업무를 수행하면 효율과 성과를 올려 회사에 도움이 된다. 업무 구분이 되지 않으면 프로세스 개선을 기대할 수 없다. 책임 소재가 분명하지 않고 성과에 따른 포상에 대해서도 불만이 많아진다.

축구 경기에서 열한 명 전체가 공이 있는 곳에 우르르 몰려가거나 자기 자리를 지키지 못하고 자기 팀 선수와 자리다툼을 하면 경기에서 이길 수 없다. 리더는 각자 위치에서 최상의 플레이를 할 수 있도록 조율하고 도와주는 축구감독과 같은 역할을 해야 한다. 기업의 리더는 인재를 발굴하고 채용했으면 그들이 최고의 역량을 발휘할 수 있는 장을 제공해주어야 한다.

닭 잡는 칼로는 소를 잡을 수 없다. 소 잡는 칼로 닭을 잡으면 낭비다. 정작 소를 잡을 때 그 칼을 쓸 수 없게 된다. 닭 잡는 칼로 소를 잡으면 힘이 들고 일을 진행하기 어렵다. 리더는 임직원들이 역할에 맞는 일을 할 수 있게 보장해주는 사람이다.

리더는 리더의 역할을 방해받지 않고 수행해야 한다. 임직원들은 각자 위치와 역할을 보장받고 수행하는 데 아무런 장애물이 없어야 한다. 리더는 리더답게, 직원은 직원답게 역할을 다할 수 있을 때 기업은 기업다운 모습을 유지할 수 있다.

4장
3단계
: 목표를 심으면 성과를 맺는다

목표가 없는 기업은 없다. 지난해보다 더 나은 올해를 바라고, 올해보다 더 만족할 만한 내년을 기약한다. 단순히 더 좋아지기를 바라는 마음은 그저 소망일 뿐 기업의 목표로 삼기에는 부족하다.

> "위대한 인물에게는 목표가 있고 평범한 사람들에게는 소망이 있
> 을 뿐이다."

미국의 유명 소설가이자 수필가 워싱턴 어빙Washington Irving의 말이다. 기업도 마찬가지다. 소망만으로는 원하는 바를 이룰 수 없다. 목표를 올바르게 세워야 실행할 수 있고, 실행은 곧 결과를 가져온다. 원하는 결과를 얻기 위해서는 바른 경영목표를 세워야 한다. 기업은

해를 거듭할 때마다 성장을 원한다. 규모도 커지고 이익이 덩달아 늘어나기 위해 모든 에너지를 쏟는다. 2장과 3장에서는 목표를 수립하기 위한 기업의 상황과 환경을 살펴보았다. 이번 장에서는 상황과 환경에 노력과 시행을 더해 성과로 이어질 수 있는 목표에 대해 살펴본다. 목표는 실행할 수 있어야 하고, 달성해야 한다. 목표가 분명하게 보이면 시야에서 놓치지 않고 쫓아간다.

가장 현명한SMARTEST 목표

위대한 인물들은 목표가 있었고 그 목표를 이룬 사람들이다. 목표가 있는 사람의 삶과 목표가 없는 사람의 삶은 다르다. 목표를 달성하기 위해 많은 것을 절제하고, 목표와 관련된 일에는 적극적으로 나선다. 배우고 익히는 데 시간과 비용을 과감히 투자한다. 원하는 목표를 이루었을 때 값진 성취감을 느끼고 더 높은 목표를 세워 또다시 도전한다.

기업은 여러 목표를 세우고 달성하면서 성장한다. 목표 달성을 위해 직원들에게 교육 훈련의 기회를 아끼지 않고 제공한다. 더 나은 프로세스를 찾고 개선과 혁신을 반복한다. 목표를 달성하는 과정에서 기업은 알게 모르게 성장한다. 모든 노력을 집중해서 목표를 이루고 나면 더 높은 목표를 세워서 도전하고 한 단계 더 발전하고 성장한다. 기업은 목표가 있어야 한다. 어제와 같은 오늘, 작년과 같은 올해를 살 수는 없다. 날마다 달라져야 하고 해마다 능력을 키우면서 성장해야 한다. 그것이 기업의 숙명이다. 목표를 위한 목표를 수립해 놓은 회사가 실제로 있다는 현실이 안타깝다. 아예 경영목표를 세우지 않는 기업도 있다. 두 종류의 회사 간에는 어떤 차이도 없다. 달성하기 위한 목표가 아니거나, 달성하기 위한 어떤 노력도 없는 회사는 목표가 없는 회사일 뿐이다.

목표는 방침, 비전과 일관성이 있어야 한다. 목표는 구호가 아니다. 회사가 원하는 방향으로 성장하며 나아가기 위한 길잡이 역할을 한다. 회사의 방침과 목표가 서로 다른 방향을 향한다면 혼란이 오게 되고, 혼란 속에서는 목표를 이룰 수 없다. 목표는 전 직원이 같은 방향으로 전진할 수 있어야 한다.

기업이 원하는 바를 이루면서 성장하려면 가장 현명한SMARTEST 목표를 세워야 한다. 많은 사람이 현명한SMART 목표를 말한다. 여기에 조금만 더 보태면 가장 현명하고 완벽한 목표를 세우고 달성할 수 있다. SMART한 목표는 구체적인 목표Specific, 측정 가능한 목표Measurable, 달성할 수 있는 목표Achievable, 연관이 있는 목표Relevant, 기한이 정해져 있는 목표Time-bounded를 일컫는다. 다섯 가지 요건을 갖춘 목표가 좋은 목표다. 여기에 경험을 바탕으로 세 가지 요건을 더 제시한다. 꼭 달성할 수 있도록 환경을 고려한 목표Environment-based, 단계적인 목표Stepwise, 전략이 있는 목표Tactical가 더해진다면 더할 나위 없이 좋은 목표이다. SMARTEST한 목표를 제시하는 이유는 달성하기 위해서다. 목표는 회사의 벽을 장식하기 위한 액자용이 아니다. 목표는 달성하기 위해, 달성을 통해 성장할 수 있는 목표를 세워야 한다. 구호에 지나지 않는 목표는 아무런 쓸모가 없다.

> "목표를 설정하지 않는 사람들은 목표를 뚜렷하게 설정한 사람들
> 을 위해 일하도록 운명이 결정된다."

동기부여와 성공학 분야에서 세계적으로 인정받는 저술가이자 강연가 브라이언 트레이시Brian Tracy의 말이다. 이 말을 기업에 빗대어보자. 목표가 없는 기업은 목표가 뚜렷한 기업을 위한 소모품이 되어 언젠가는 사라지고 말 것이다. 목표를 이루며 성장하는 기업이 될 것인가, 목표가 없이 조용히 사라질 것인가?

정확히, 무엇을, 이루고 싶은가

직장인들은 점심으로 뭘 먹을지 날마다 정하는 것도 고민이다. 예전 직장을 다닐 때 점심시간마다 메뉴를 정하고 같이 갈 사람을 부르는 사람이 있었다. "오늘 메뉴는 길 건너 국밥집, 우거지 해장국입니다." 아무 고민 없이 따라나서면 된다. 빨리 먹을 수 있고 맛도 좋아 만족도가 높다. 어쩌다 이분이 자리에 없는 날에는 남아 있는 사람들이 고아 신세가 된다. 뭘 먹어야 할지 고민이 깊어진다. 몇몇 사람이 쭈뼛쭈뼛 모여서 "아무거나 먹지 뭐" 하고 사무실을 나선다. 엘리베

이터에서 내려 로비를 나왔지만 오른쪽으로 가야 할지 왼쪽으로 가야 할지 난감하다. 그냥 짜장면이나 먹으러 가는 길에 발걸음이 무겁다. 그렇게 먹은 점심에 만족할 리 만무하다.

원하는 식당과 메뉴를 정하고 사무실을 나서면 주저하지 않는다. 기대한 맛에 만족감을 느끼고 오후 일을 할 수 있다. 뭘 먹을지 구체적으로 정한 점심과 마지못해 해결한 점심에 차이가 크다. 일할 때도 명확하게 정하고 나서 진행하면 원하는 결과를 얻을 수 있다. 애매모호하게 일을 지시하면 원하는 결과가 나오지 않는다. 지시한 사람도 일을 수행한 사람도 해야 할 일의 내용과 방향이 엉뚱하게 흐른다. 배가 산으로 갈 수밖에 없다.

목표는 구체적이고Specific 명확해야 한다. 얻고 싶은 것, 이루고 싶은 바를 구체적으로 정해야 한다. 매출이 늘어나기를 원하면 매출목표를 설정해야 한다. 이익이 증가하기를 원하면 이익목표를 수립해야 한다. 품질, 원가율, 신제품 런칭 목표를 수립해야 한다. 목표가 구체적일 때 결과에 차질이 없다. 목표 항목에 원하는 제목이 있다고 해서 구체적인 목표를 수립했다고 할 수는 없다. '많은 매출과 이익'은 구체적인 목표가 아니다. 소박한 소망에 불과하다. 소망은 그저 이루어지기를 바라는 것이고, 구체적인 목표는 이루기 위해 온 힘을 쏟아야 하는 영역이다.

ISO 경영시스템 인증심사에서는 목표가 적절하게 수립되어 있는지를 확인한다. 적절한 목표는 구체적인 목표를 포함한다. 명확하게 표현하지 않은 목표는 부적합으로 판단한다. '높은 품질', '낮은 불량률', '설비 관리 철저', '원가율에 기여'라는 목표를 설정한 기업들을 본 적이 있다. 이런 목표로는 기업이 원하는 바를 얻지 못한다. 목표를 세워놓은 자체가 중요하고, 어떻게든 잘하면 되는 것이 아니냐고 항변하는 기업도 있다. 표적이 확실하게 보일 때 사격이 가능하듯 목표가 명확하고 구체적이어야 성과에 다다를 수 있다. 제품의 성능을 어느 정도로 유지할지, 생산 공정에서 발생하는 부적합품율을 어느 선 아래로 달성할지 표현하는 것이 맞다. 설비의 고장 시간은 연간 몇 시간 이내여야 하는지, 생산성을 얼마나 올리고 불량으로 인한 손실을 어느 정도로 줄일지 구체적으로 표현해야 한다.

> "구체적인 목표는 구체적인 결과를 가져온다. 그러나 막연한 계획은 막연한 결과를 가져오는 것이 아니다. 막연한 계획은 아무런 결과도 가져오지 못한다."

『아들아 머뭇거리기에는 인생이 너무 짧다』의 저자 강헌구 교수 말에 전적으로 동의한다. 막연하게 세운 목표로는 아무것도 이루지 못한다. 기업이 해야 할 일이 무엇인지 보이지 않기 때문이다. 회사가 수립한 올해 목표를 돌아보자. 회사의 목표를 이루기 위해 임직원들이 세운 업무목표도 다시 보자. 구체적으로 설정했는지, 모호하게 세운 내용은 없는지 확인해보자. 회사의 목표가 구체적이면 직원들의 목표도 구체화된다. 회사가 구체적인 결과를 추구할 때 모든 구성원이 힘을 합해 나아갈 수 있다. 구체적인 목표는 의지가 확고하게 담겨 있는 목표이다. 두루뭉술하게 표현한 목표는 한 해를 그냥 흘려보내겠다는 생각이다. 한 해 목표가 명확하면 기업이 한 해를 허비하지 않는다.

측정 가능한 목표치에 대한 기대

건강과 미용을 위해 다이어트를 한다. 다이어트를 하는 사람들은 운동으로 몸무게를 줄이고 탄탄한 몸을 만든다. 새해가 되면서 반드시 다이어트에 성공하겠다는 지인에게 물었다.

"다이어트 목표가 뭐니?"

"운동해서 살 좀 빼려고."

"얼마나 운동할 건데?"

"시간 나는 대로 운동 좀 해볼 거야."

"그렇게 해서 몸무게는 얼마나 줄일 거야?"

"지금보다 많이 빠지면 좋겠어."

"시간 나는 대로 운동 좀 해보면 몸무게가 많이 빠질까?"

"그럼 좋겠지."

"다이어트는 확실히 할 거야?"

"어떻게든 되지 않을까?"

이 사람이 다이어트에 성공했을까? 날씬하고 건강한 몸을 만들고자 하는 이 목표에는 무언가가 빠져 있다. 얼마나 운동하고, 몸무게를 얼마나 줄이겠다는 내용이 확실하지 않다. 목표달성에 성공했는지, 실패했는지 확인할 수 있는 기준이 없다. 운동 '좀' 하겠다는 목표는 적절하지 않다. 운동을 어느 정도 하는 것이 좀 하는 것인지 명확하지 않다. 하루 몇 시간, 일주일에 몇 차례 하겠다는 목표가 필요하다. 몸무게를 얼마나 빼야 많이 빼는 것일까? 2kg, 5kg, 10kg? 몇 킬로그램을 빼겠다는 확실한 목표가 있어야겠다.

목표는 측정할 수 있어야Measurable 완벽한 목표가 된다. 목표를 수치로 표현하면 한눈에 알 수 있다. 목표에 관련된 사람들이 정확하게 인식할 수 있고, 목표에 이견이 없다. 목표는 구체적이어야 한다고 했다. 측정할 수 있는 목표야말로 군더더기 없이 구체적이고 명확한 목표가 된다. 언제까지 얼마만큼 달성하겠다고 목표를 설정하면 회사 내에 전파하기 쉽고 경영자의 의지를 명확하게 보여줄 수 있다.

측정할 수 있는 목표를 설정하면 달성하기 위한 계획을 세우기 쉽다. 목표와 현재 수준의 차이를 알 수 있어 노력이 얼마나 필요한지 알 수 있다. 목표 달성에 자원을 얼마나 투입할 수 있는지도 알 수 있다. 노력과 자원을 검토하면 수단과 방법을 계획할 수 있다.

목표를 수치로 설정하면 검토와 평가가 가능하다. 원하는 목표를 한 번에 마법처럼 달성할 수 없다면 일정한 주기로 달성 정도를 확인해보면서 노력을 이어가야 한다. '많이'라는 목표로는 어느 시점에서 어느 정도 달성했는지를 가늠해볼 수 없다. 평가하면 지나온 길을 되돌아볼 수 있다. 올바르게 실행해서 목표를 달성한 프로세스는 다시 새로운 목표에도 운용할 수 있다. 과정이 잘못되었거나 실수가 있었다면 보완해서 더 완벽한 프로세스로 가다듬어야 한다. 이번에 달성한 목표가 적정 수준이었는지, 낮거나 높지는 않았는지를 돌아볼 수 있다. 목표를 달성한 정도를 측정하면 다음 목표가 보인다.

목표를 수치로 설정하면 도전이 가능하다. '더 좋게', '더 많이', '더 낮게'로 구성원들의 도전정신을 불러올 수 없다. 목표 지점이 어디인지 알 수 없어 가는 길이 불안하고 혼란스럽다. '20% 매출 증가', '생산성 10% 향상', '품질 실패비용 전년 대비 50% 축소'라고 설정해보자. 목표가 보이니 의지가 생긴다. 최고경영자부터 젊은 신입사원까지 어렵더라도 도전해보겠다는 다짐을 끌어낼 수 있다. 측정 가능한 목표는 달성 가능한 길을 안내한다.

가장 최악의WORST 목표

아이들이 학교 숙제 하는 모습을 많이 보았다. 숙제를 공부로 여기고 집중하면 좋겠다는 부모의 마음이 아이의 마음과 같지 않다. '숙제를 위한 숙제'에 시간만 보낼 때가 있다. 그런 자녀를 부모는 안타까운 마음으로 바라본다. 어른들도 내키지 않은 일을 억지로 해내는 경우가 있다. 겨우겨우 마무리하는 데에 너무 많은 시간과 에너지를 쏟게 된다. 일 처리 과정에서 어떤 의미나 성취감을 맛보기 어렵다. 결과에 대해 만족할 수 없고 다시는 하고 싶은 생각이 들지 않는다. 일을 통해 달성하고자 하는 목표가 없기 때문이다.

달성할 수 있는Achievable 목표를 수립해야 한다. 목표는 달성할 수 있어야 하고, 반드시 달성해야 한다. 달성할 수 없는 목표, 달성할 의지가 없는 목표는 아무런 가치가 없다. 달성할 수 있는 목표란 기업이 최선을 다했을 때 달성할 수 있는 수준이다. 아무런 투자나 개선이 없이 올해보다 10배, 20배 높은 목표를 달성할 수는 없다. 터무니없는 목표를 설정하고 불가능하다는 생각이 팽배한다면 목표를 설정한 이유를 찾을 수 없다.

달성할 수 있는 목표를 세우기 위해서는 많은 요소에 대한 고려가 필요하다. 2장과 3장에서 살펴본 기업의 상황, 외부의 목소리를 목표에 반영해야 한다. 이런 내용에 관한 고민을 하지 않고 목표를 설정하면 달성 가능성과는 거리가 멀어진다. 아주 높고 험한 산을 오를 때 지형, 날씨, 난이도, 시간, 체력, 컨디션 등을 따지지 않고 길을 나서는 것과 같다.

노력하지 않고 달성할 수 있는 목표 또한 좋은 목표가 아니다. "이루지도 못할 정도로 높은 목표를 세우면 시작하기도 전에 포기한다"라는 말은 그저 핑계일 뿐이다.

> "대부분의 사람들에게 가장 위험한 일은 목표를 너무 높게 잡고 거기에 이르지 못하는 것이 아니라, 목표를 너무 낮게 잡고 거기에 도달하는 것이다."

화가, 조각가, 건축가로서 많은 업적을 남긴 미켈란젤로가 남긴 말이다. 낮은 목표는 위험하다. 손쉽게 이룰 수 있는 목표를 설정하고 남는 시간을 허비하는 것은 기업을 위험하게 만드는 일이다. 기업과 개인의 능력을 퇴보시키고 결국에는 그 능력마저 사라지게 된다.

정말 최악이라 할 수 있는 목표를 본 적이 있다. H사는 전선을 생산하는 기업으로서 20명 정도의 인원으로 연 매출이 70억 원이 넘는다. ISO 경영시스템 인증심사에서 목표 수립이 적절한지를 보게 되었다. 품질실패 비용에 대한 목표가 5,000만 원으로 설정되어 있었다. 전년도 품질실패 비용이 4,700만 원이었는데 더 많이 잡혀 있었다. 그 이유를 물었더니, 작년에 너무 힘들어서 올해는 좀 쉽게 하기 위해 그렇게 설정했다고 한다.

대표이사에게 이 목표를 검토하고 승인했는지를 물었다. 직원들의 의견을 받아들여 승인했다고 한다. 혹시 직원들이 힘들다고 하면 매출과 이익이 줄어드는 것도 용인할 것인지 물었다. 그 점은 절대 안 된다고 한다. 매출과 이익이 주는 건 안 되고 품질실패 비용이 늘어나는 것을 허용하는 이유가 무엇인지 물었다. 지난해보다 품질이 나빠지는 것을 고객이 이해할 수 있다고 생각하는지도 물었다. 곰곰이 생각하더니 말없이 고개만 끄덕일 뿐이었다.

달성 가능한 목표는 가만히 앉아 있어도 가능한 목표가 아니다. 능력을 총동원하고 최선을 다해 이룰 수 있는 수준을 목표로 잡도록 하자. 환경과 여건이 주는 기회를 목표에 반영한다. 시장이 도와주고 임직원 모두가 최선을 다할 수 있다면 도전할 만한 가치가 있지 않은가? 최선을 다했을 때 달성할 수 있는 목표를 세워보자. 지금의 능력으로 달성할 수 있는 목표가 100이라고 가정하자. 가지고 있는 능력으로 최대한 노력하면 달성할 수 있는 수준을 120으로 설정한다. 30 정도를 더할 기회가 있다면 150의 목표를 수립하는 것이 좋다.

목표는 달성하는 데 그치지 않고 도전을 통해 기업과 임직원이 성장하기 위한 길잡이가 되어야 한다. 기업은 앞으로 나아가야 한다. 빨리 가고 멀리 갈 수 있는 목표를 세워야 할 것이다. 목표가 기업의 성장을 이끌고, 기업이 발맞출 수 있을 때 그 목표는 진정한 목표가 될 수 있다.

리더십 비즈니스 코드 7 ∕ 책임은 선물이다

공군 전투비행단에서 유류관리중대장으로 군생활을 마쳤다. 부대에서 운영하는 전체 전투기에 항공유를 보급하고, 차량과 장비에 필요한 모든 유류를 차질 없이 보급하는 책임을 져야 하는 직책이다. 전투기에 사용하는 항공유를 포함해 200만 리터 이상의 유류 재고를 보유하고 있기에 화재와 안전사고가 발생하지 않도록 해야 했다. 업무 책임뿐만 아니라 평상시 중대원들의 안전과 전시에는 생명까지 책임져야 하는 자리다. 그 역할에 최선을 다했다고 자부한다.

역할은 책임과 한 몸이다. 역할은 수행하기 위한 것이다. 역할만 있고 실행이 따르지 않는다면 옷장 서랍 속에 고이 모셔두기만 한 보석과 같다. 보석은 몸에 지녀야 가치가 있고, 해야 할 일은 해냈을 때 빛을 발한다. 리더는 기업에서 일어나는 모든 결과에 대해 가장 큰 책임을 지는 사람이다. 좋은 결과에 대한 찬사도 리더에게 집중되고, 실패에 대한 막중한 책임도 리더의 몫이다. 리더와 책임은 떼려야 뗄 수 없는 관계이다.

리더는 책임을 지기만 하는 사람이 아니다. 책임을 지는 것 못지않게 중요한 일은 책임을 나누어주는 것이다. 임직원들이 맡은 일을 할 수 있도록 역할을 배분하고 보장했다면 책임도 같이 주어야 한다. 역할에 책임이 없다면 업무의 완성도가 떨어질 수 있다. 일만 하는 것에 그치지 않고 원하는 결과와 성과를 만들기 위해서는 반드시 수행할 수 있도록 책임을 주어야 한다. 책임은 역할을 다할 수 있게 해주는 자양분이다. 능력이 큰 사람에게 책임도 크게 주는 것은 당연하다. 책임은 잘못과 실수를 질책하기 위한 도구라기보다 더 잘할 수 있도록 격려하고 지원하는 용도이기 때문이다. 능력이 책임을 만날 때 성과는 올라간다.

책임을 묻기 전에 책임감을 심어주어야 한다. 책임을 묻는다는 것은 질책하고 징계한다는 의미이다. 물론 책임질 일이 있으면 대가를 치러야 한다. 역할을 줄 때 책임감을 같이 심어준다면 결과에 대한 평가를 받아들이게 된다. 책임감이 있다면 재도전하는 의지가 생길 것이고, 더디지만 반드시 목표를 이룰 수 있다. 책임보다 책임감이 더 크고 중요하다. 책임을 다할 때 책임감은 커진다. 리더가 처음 심어준 책임감은 씨앗에 불과하다. 그 씨앗에 물과 거름을 주고 몇 배의 열매를 맺게 하는 것은 사람 안에 자리 잡고 있는 책임감이다. 책임감이 책임감을 키우고 성장시켜 더 큰 결과를 가져온다.

"누군가에게 책임을 맡기고 그를 신뢰한다는 사실을 알게 하는 것만큼 한 사람을 성장시키는 일은 없다."

교육자이자 연설가이며, 당대 흑인사회의 대표적인 지도자였던 부커 T. 워싱턴 Booker T. Washington의 말이다. 책임은 사람을 성장시킨다. 리더는 임직원에게 일을 시키고 결과를 받아보기만 하는 사람이 아니다. 인재를 확보하는 것 못지않게 인재를 키우는 것이 중요하다. 사람에게 책임을 부여할 때 성장을 기대하며 믿음도 같이 주어야 한다.

누군가는 내가 군생활을 장교로 편하게 했다고 생각하지만, 임무가 막중했기에 절대 쉬운 일은 아니었다. 시설, 화재, 안전, 재고, 작전을 항상 염두에 두어야 하고 중대원 한 사람 한 사람을 살펴야 했다. 자리가 사람을 만든다는 말을 군생활 내내 실감하고 살았다. 편한 군생활이 아니라 책임감을 키우고 관리자의 자질을 갖출 수 있는 소중한 시간이었다. 책임은 사람을 성장시키는 선물이다. 리더는 함께하는 사람들을 성장시키기 위해 아낌없이 선물을 나누어주는 사람이다. 리더가 나누어준 책임이라는 선물이 성과라는 더 큰 선물로 돌아올 것이다.

국어시간에 수학 숙제, 수학시간에 영어 숙제

고등학교에 다니는 딸에게 가끔 내 고등학교 시절 이야기를 해준다. 관심을 가지고 들어줄 때도 있지만 가끔은 언제 적 이야기를 하느냐고 핀잔을 줄 때도 있다. 그 시절과 지금은 많이 다르기 때문에 흥미를 느낄 수도 있고 전혀 이해하지 못하는 상황도 있을 것이다. 지금 아이들은 학원에서 배우고 학교에서는 확인하는 격이니, 학원 수강이 허용되지 않던 우리 고등학교 시절 학교 수업이 얼마나 중요했는지 지금 아이들은 모를 것이다. 그 시절, 수업시간에 다른 과목 책을 펴고 선생님 모르게 숙제하는 친구들이 꼭 있었다. 국어시간에 수학 숙제를 하고, 수학시간에는 영어 숙제를 하는 식이다. 수학시간은 수학 수업에 집중해서 실력을 쌓는 것이 맞다. 수학시간을 허비하고 국어시간에 한 숙제가 수학 실력에 얼마나 도움이 되었을지는 모를 일이다.

해야 할 일을 하고, 하는 일에서 결과를 얻는다. 해야 할 일을 모른 체하고 다른 일을 하고 얻어진 결과에 무슨 의미를 둘 수 있을까? 중요하고 꼭 해야 할 일은 미뤄두고, 하기 쉬운 일만 찾아내서 한 결과에 만족할 수 있을까? 기업의 목표는 해야 할 일, 비즈니스와 관련이 있는 일에서 찾아야 한다. 기업의 목표는 2장에서 다룬 기업의 상황과 연관된 내용이어야 한다. 기업이 기회를 살리고 위기를 벗어나기 위한 목표를 세우고, 그 일에 집중해야 한다. 그것이 바른 목표이고, 목표를 설정하는 목적에 맞는 목표다. 목표는 기업의 비즈니스와 관련되어야Relevant 하며 프로세스와도 맞아야 한다. 전혀 상관이 없는 일, 이미 지나가서 다시 다룰 필요가 없는 일을 두고 목표를 세우면 안 된다. 지금 기업의 상황에 맞고, 기업이 지금 꼭 달성해야 하는 목표를 세우도록 하자.

D사는 스티로폼을 성형하는 공정을 가지고 있다. 보일러에서 물을 끓여 뜨거운 증기를 성형기에 고압으로 불어넣는다. 이 공정에서 사용된 물은 밖으로 배출하지 않고 집수조로 회수하여 다시 사용한다. 집수조는 누수가 없이 제 기능을 하고 있었다. 더구나 그 물은 폐수도 아니다. 이 회사가 수립한 ISO 14001 환경경영시스템의 실행 목표 중에 '폐수 배출사고 1건 이내'라는 내용이 있었다. 다시 한 번 그물이 폐수인지 확인했다. 전혀 폐수가 아니라고 한다. 혹시 이전에 배출사고가 나서 문제된 적이 있는지 물었다. 그런 적도 없고, 그럴 일도 없다고 한다. 그러면 왜 이런 목표를 설정했는지 물었다. 그냥 가만히 있어도 달성할 수 있기 때문에 선택했다고 한다. 그럼 이 공정에서 환경에 관해 어떤 목표를 수립하는 것이 맞는지 물었다. 생각해보지 않았다고 한다.

목표는 하는 일, 해야 할 일과 관련이 있어야 한다. 손 놓아도 될 일을 목표로 삼는다는 것은 일하고 싶지 않다는 것이다. 폐수 사고를 막는 일이 이 회사의 환경과 환경을 위한 노력에 무슨 가치가 있는가? 목표는 기업의 현실과 맞아야 하고 지향하고 있는 미래와 같은 방향이어야 한다. 목표는 기회를 살리는 방향과도 맞아야 하고 위협을 피해가는 방향과도 맞아야 한다. 기업의 목표는 기업이 추구해야 할 일에 적합하게 수립하는 것이 옳다.

기업의 목표에 따라 임직원들은 자신의 목표를 세운다. 다른 사람의 목표에 편승하는 경우를 절대 용납해서는 안 된다. 어렵고 힘든 일은 피하고 남이 세운 성과를 가로채려 하는 심산이다. 자신의 업무와 관련된 목표를 세우고 달성하기 위해 모든 노력을 기울여야 한다. 전체 구성원들의 목표가 올바를 때 기업의 목표 또한 든든하게 자리 잡는다.

기업의 목표에는 책임자가 분명히 지정되어야 한다. 목표와 관련된 업무를 하는 사람들이 달성하기 위해 힘을 다한다. 혹시 있을 혼란이나 잘못된 방향으로 흐를 때 잡아줄 수 있는 책임자가 있어야 한다. 관련된 일, 바른길에서 벗어나지 않게 된다.

기업이 수행하는 비즈니스에 맞는 목표가 기업의 비즈니스를 성장시킨다. 프로세스에 맞는 목표를 가지고 프로세스를 개선하고 혁신시킬 수 있다. 관련이 있는 목표는 기업이 성장할 수 있는 강한 동기를 심어준다. 비즈니스와 관련 있는 목표는 기업을 바른길로 이끄는 길잡이가 된다.

언젠가 한 번쯤 이루고 싶다

고등학교 시절 시험을 앞두고 항상 계획표를 짰다. 시험 과목과 남아 있는 날을 생각해서 어느 날은 무슨 공부를 할지 계획을 세운다. 기말고사를 3일 앞두고는 마무리에 집중한다. 시간표대로 공부하면 시험에 자신이 있고 불안하지 않다. 대학 입시를 위해 수능시험을 치르는 학생에게는 1년에 한 번 기회가 주어진다. 원한다고 해서 아무 때나 시험을 볼 수는 없다. 11월에 있는 수능시험 날짜에 맞추어서 공부해야 원하는 점수를 얻고 대학에 입학할 수 있다.

목표는 기한이 있다. 언젠가 한 번쯤 이루고 싶은 대상은 목표가 아니라 소망이다. 소망을 구체화해서 기한을 정하고 이루려고 노력할 때 목표가 된다. 수험생이 원하는 점수는 언젠가 이루고 싶은 소망이 아니라, 그해 수능시험에서 꼭 받아야 하는 목표가 되어야 한다. 구체적인 목표는 구체적인 결과를 가져온다. 수치화된 목표를 구체적으로 정하면 필요한 자원과 노력을 쏟아부을 수 있다. 기한을 정한 Time-bounded 목표도 구체화한 목표이다. 구체적으로 어느 시점까지 달성하겠다는 선언이 있어야 그 안에서 자원과 에너지를 적절하게 투입할 수 있다.

기한을 정하면 중간에 검토하고 되짚어볼 수 있다. 검토는 평가보다는 방향을 점검하는 것이다. 잘 진행되고 있는지, 예상을 벗어나고 있는지를 알아보는 것이다. 중간점검을 통해 더 필요한 것을 지원하면 정해진 기한에 원하는 목표를 달성할 수 있다. 기업의 목표는 반드시 기한이 있어야 한다. 대부분 기업이 연간 목표를 세우고 달성하기 위해 조직 전체가 매진한다. 기한이 없이 언젠가 달성하고 싶은 바를 정해놓으면 노력이 느슨해진다. 오늘 일을 내일로 미루고, 올해 실적이 좋지 못해도 아무런 반성이 없게 된다.

목표는 기회를 살리기 위한 도구이다. 기회는 영원히 지속하지 않는다. 기회를 살리기 위해서는 적절한 시점에 잡아야 한다. 기한이 정해지지 않은 목표는 눈앞에 보이는 기회가 절대 사라지지 않을 것이라는 헛된 신기루를 좇는 것과 같다. 기업이 목표를 달성하는 과정은 느긋하게 즐기는 과정이 절대 아니다. 일할 때 마무리해야 할 시간이 정해지지 않으면 굳이 해야 할 필요를 느끼지 못한다. 필요를 느끼지 못하니 정신을 집중하지 않고 몸은 늘어진다. 목표에 기한이 설정되지 않으면 모든 인원의 머릿속에서 벗어나버린다. 기업은 목표를 이루어야 하는 때를 정해서 반드시 달성에 집중해야 한다.

순식간에 이루어지는 목표는 없다. 목표를 이루어가는 기간은 긴 여정이다. 목표에 기한을 정하면 계획을 세울 수 있다. 연말까지 100을 설정하면 3월까지 25, 6월까지 50, 9월까지 75로 나눌 수 있다. 때로는 상황에 따라 3월에 15, 6월에 40, 9월에 80, 연말까지 100을 설정할 수도 있다. 목표에 단계적으로 기한을 정하면 실천 계획을 더 구체적으로 세울 수 있고 수월하게 이룰 수 있다. 목표에 기한을 정하면 더 높은 목표를 이룰 수 있다. 기한이 없다면 한없이 붙들게 된다. 기한을 정해서 마침표를 찍어야 하는 과정이 끝나고, 끝이 있어야 새롭게 시작한다. 새로운 시작은 더 높은 목표가 된다. 시한을 정해 목표를 이루고 더 높은 목표에 도전해야 한다.

> "기한 없는 목표는 탁상공론이다. 기한이 없으면 일을 진행하게 해주는 에너지도 발생하지 않는다. 당신의 삶을 불발탄으로 만들지 않으려면 분명한 기한을 정하라. 기한을 정하지 않는 목표는 총알 없는 총이다."

브라이언 트레이시Brian Tracy는 동기부여와 성공학 분야의 세계적 저술가이자 강연가이다. 그는 수많은 사람들의 가슴에 목표를 심어주고 동기를 불어넣었다. 그는 목표에 기한이 없으면 아무 쓸모가 없다고 강조한다. 전투에서 전혀 쓸모없는 무기라는 것이다. 기한은 목표라는 폭약에 붙은 심지와 같다. 심지는 폭약을 폭발시키기 위해 집중해서 타들어간다. 기한은 기업이 목표 달성에 집중할 수 있는 에너지를 제공한다. 심지가 타들어가면 기업이 가지고 있는 에너지는 극대화된다. 목표에 기한을 정하고 기업의 가슴에 불을 붙이자.

굴복하지 말고, 활용하라

기업과 비즈니스 환경은 떼려야 뗄 수 없는 관계이다. 어떤 기업도 국내 비즈니스 환경, 글로벌 비즈니스 환경과 무관하지 않다. 환경이 기업을 둘러싸고 있고, 기업과 환경은 끊임없이 영향을 주고받는다. 기업이 실행하는 모든 프로세스는 비즈니스 환경과 무관하지 않다. 비즈니스 환경이 좋을 때도 있지만 기업을 위협할 때도 있다. 기업이 환경 때문에 곤란을 겪기도 하고, 환경 덕택에 날아오를 기회를 얻기도 한다. 어떤 기업은 스스로 비즈니스 환경을 직접 만들기도 한다. 기업과 환경은 밀접하게 영향을 주고받는다.

비즈니스 목표에 기업을 둘러싸고 있는 환경을 담아야Environment-based 한다. 기업 주변에 기회와 위기가 자리 잡고 있기 때문이다. 기업은 목표를 통해 기회와 위기에 대처한다. 기업이 목표에 비즈니스 환경을 담으려면 우선 환경을 바르게 보아야 한다. 목표를 설정할 때 2장에서 살펴본 내부이슈와 외부이슈, 리스크와 기회를 반영하도록 한다. 기회가 널렸는데 무시하는 목표, 위협이 다가오고 있는데 외면하는 목표는 좋은 목표가 아니다. 기회를 살려서 기업이 성장하기 원한다면 기회를 살리는 목표를 세워야 한다. 시장이 50퍼센트 성장할 것이 예측되면 기업이 100퍼센트 더 성장할 수 있는 목표를 세운다. 시장이 위축될 조짐이 보이면 대안을 세우고 그에 맞는 목표를 설정한다.

2019년 7월 일본에서 촉발한 경제 리스크가 여러 산업 분야를 위축시켰다. 특히 일본 여행 사업을 하는 여행사들의 위기가 사태 발생 초기부터 떠올랐다. 해외여행을 주로 하는 C사는 일본 여행 매출이 기업 전체 매출의 50퍼센트 이상이었다. 8월에 있었던 ISO 경영시스템 인증심사 날 점심시간에 이 문제가 대화의 주제로 떠올랐다. 안타까운 심정을 전했다. 그런데 본부장의 답변에 놀라지 않을 수 없었다. "달리 뚜렷한 수가 없으니 그냥 지켜봐야지요. 괜히 움직였다가 더 큰 화를 불러올 수도 있잖아요?" 일본 여행 계약 건수와 매출목표를 그대로 두겠다고 한다. 더 놀라운 것은 동남아 등 대체 여행지 수요가 늘어나고 있는 것을 알고 있는데도 이 역시 목표를 수정하지 않겠다는 것이다. 아무쪼록 어려움을 빨리 벗어나길 바란다는 말로 마무리했다.

환경을 바로 보라는 말을 어려운 환경에 굴복하라는 의미로 이해하지 말라. 환경을 바로 보면 헤쳐나갈 길이 있다. 기업을 둘러싼 위기만 바라보면 아무것도 할 수 없다. 소나기는 피하고 보자는 말로 위안을 삼으며 움츠린다. 위기를 벗어날 수 있는 상황을 파악해서 목표를 설정하고 절망적인 환경에서 벗어나야 한다. 어두운 환경을 외면하는 목표도 바른 목표가 아니다. 신기술, 신제품을 빨리 완성해서 새로운 돌파구를 찾는 목표를 세운다. 지출을 줄여 자금압박에서 벗어나는 목표, 생산성을 올리고 원가율을 낮추는 목표가 필요하다. 매출이 줄어도 이익을 가져오는 목표를 세워 위기를 벗어나려는 의지를 담도록 한다. 아무것도 하지 않고 숨는 것은 있을 수 없는 일이다.

아프리카에서 난로를 팔고, 알래스카에서 냉장고를 판다. 무더운 아프리카의 낮 기온만 보면 난로 파는 일은 어림없다. 그러나 아프리카에도 밤 기온이 뚝 떨어지는 사막과 산간지역이 있다. 이곳에서 난로는 밤을 보내기 위해 필요한 물건이다. 알래스카 날씨는 냉장고보다 더 춥다. 하지만 난방을 하는 알래스카 가정집에 보관하는 음식과 식자재를 보관하기 위해서는 냉장고가 필요하다.

환경을 고려한 목표는 기회와 위기를 반영한 목표이다. 주변 환경이 주는 기회를 살려서 비즈니스에 날개를 달자. 위기 앞에 위축되지 않고 벗어날 수 있는 목표를 세우고 달성하도록 하자. 비즈니스 환경은 기업을 단련하고 성장시키는 고마운 존재로 여기도록 하자. 달콤한 기회를 잘 살리면 기업의 성장은 빨라진다. 쓰디쓴 약처럼 위기는 기업을 더 건강하게 만든다.

시작과 끝 사이에 계단이 있다

어린아이에게는 아빠가 처음부터 어른이었다는 강한 믿음이 있다. 아빠도 어린 시절이 있었다는 것을 잘 이해하지 못한다. 유치원에 다니기 시작할 무렵에야 아빠도 어릴 적이 있었다는 사실을 받아들이는 것 같다. 아무도 어른으로 태어나지 않는다. 모든 사람이 엄마 뱃속에서 작고 여린 아이로 태어난다. 2미터가 넘는 농구선수 서장훈도 어린아이로 태어나고 자라서 지금의 키가 되었다. 작게 태어나고 자라서 어른이 된다.

기업도 마찬가지다. 작게 시작해서 성장을 거듭하며 규모를 키워간다. 시작하는 모습은 저마다 다르겠지만 시작과 동시에 원하는 규모로 거대하게 성장을 마무리할 수는 없다. 단계를 밟아가며 내실을 다지고 외형 규모를 키워간다. 기업의 목표는 단계적으로Stepwise 추진하고 달성할 수 있도록 설정해야 한다. 올해 목표를 100으로 설정해서 도전하면 12월 31일 하루에 갑자기 실적이 나타나지 않는다. 1년간 노력한 결과가 쌓이고 쌓여 100을 달성한다.

반드시 중간 목표를 설정하라. 이 부분은 앞서 살펴보았듯이 기한을 정한 목표 설정과 맥락이 닿는다. 분기 목표와 반기 목표를 설정해서 단계를 밟도록 한다. 월별 목표가 더해져 분기 목표가 되고, 분기 목표가 모여 반기 목표가 된다. 계절 요인이 나타나는 기간에는 다른 때보다 목표를 높게 잡거나 낮게 잡는 것을 적극적으로 고려해야 한다. 아이스크림은 여름에, 호빵은 겨울에 집중할 수 있도록 해야지 1년 내내 동일한 목표를 잡아서는 안 된다.

연간 목표 또한 단계적으로 올라가야 한다. 한 해에 모든 것을 이루고 나서 접는 비즈니스가 있을까? 올해 목표보다 다음해 목표가 더 높고, 내년 목표보다 내후년 목표는 또 올라간다. 기업은 성장하면서 목표를 달성하고, 목표를 달성하면서 성장을 지속한다. 기업 역량이 성장하지 않고는 더 높은 목표를 이룰 수 없다. 목표를 달성하는 과정에서 기업에 속한 인원들이 단련되고 성장한다. 인원의 능력이 모여 기업의 내실이 다져진다. 기업이 성장하며 더 높은 목표를 달성하는 선순환이 이루어진다.

단계적인 목표를 설정하고 추진하면 지치지 않고 갈 수 있다. 포기하려는 마음도 생기지 않는다. 1층에서 2층을 오를 때 한 계단 한 계단 걸어가면 지치지 않고 오를 수 있다. 한 번에 뛰어오르려고 시도하면 지치고 포기하게 된다. 전혀 나아갈 수 없다. 차근차근 계단을 오르면 3층과 4층도 오를 수 있다. 포기하지 않으면 더 높은 곳도 오를 수 있다. 단계를 밟아가는 목표는 시간을 두고서 천천히 오르라는 의미만 담고 있는 것은 아니다. 더디더라도 성장하면서 더 높은 곳을 보고 나아가라는 의미가 같이 담겨 있다. 올해와 똑같은 내년을 바라보는 기업은 정체되는 것이 아니라 뒤처지는 것이다.

사장실이나 회의실에는 회사의 방침과 목표가 걸려 있는 경우가 많다. 간혹 목표를 담고 있는 액자 속 종이가 누렇게 바랜 것을 본다. 회사의 상황과 비전에 따라 목표를 설정하고 있는지를 물으면 대답은 두 가지로 돌아온다. '회사가 어려워서 더 높은 목표를 잡지 못하는 실정이다.' '큰 욕심 부리지 않고 이만큼 하는 것에 만족하고 있다.' 안타까운 마음에 목표가 가져오는 기업 성장에 대해 일러주는 일이 많다.

> "한 걸음 한 걸음 단계를 밟아 나아가라. 그것이 무언가를 성취하기 위한 내가 아는 유일한 방법이다."

미국 농구 역사상 가장 위대한 선수로 인정받는 마이클 조던Michael Jordan. 그 역시 신인 시절부터 최정상에 오르기까지 기간이 있었다. 단계를 밟아 성장해서 결국 최고의 선수가 된 것이다. 단계를 밟는 것은 천천히 가는 것이 아니다. 성장을 거듭하며 가면 더 멀리 더 높은 곳으로 갈 수 있다.

해마다 목표를 달성하는 비결

한국인은 밥과 반찬을 먹는다. 서양 사람이라고 다르지 않다. 한국 밥상에는 반찬 종류가 더 많은 차이가 있지만, 서양 식탁에도 주식이 있고 곁들여 먹는 야채들이 같이 올라온다. 스테이크에도, 피자에도 적은 양이지만 야채를 곁들인다. 밥을 먹을 때 밥만 먹어서는 목을 넘기기 쉽지 않다. 영양 측면에도 밥과 반찬을 함께 먹어서 부족한 영양소를 채워야 한다. 밥을 먹을 때 반찬을 절대 빼놓을 수 없다. 밥과 반찬은 반드시 함께 있어야 하는 관계이다. 바늘과 실은 함께 있어야 옷을 꿰맬 수 있다. 기계에 윤활유가 없다면 아무리 성능이 좋아도 금방 열을 내며 멈추고 만다. 자동차도 연료가 꼭 있어야 하는 짝이다. 함께할 때 서로의 가치를 올려주는 관계이다.

 목적을 이루기 위해 목적만 붙드는 것은 바람직하지 않다. 목표는 홀로 제 역할을 다하지 못한다. 목표를 수행하는 사람들의 실행이 따라야 한다. 흔히들 그저 할 일을 열심히 하라고 격려한다. 틀린 말은 아니지만, 기업에서 실행하는 업무는 그저 열심히 하는 것으로는 충분하지 않다. 효율과 효과가 뒤따라야 한다. 목표와 달성전략은 동반자 관계이다. 전쟁에 출전하는 군사들이 '돌격 앞으로'만 외치며 무작정 싸운다고 승리할 수 있을까? 전략과 전술이 없다면 어떤 전쟁도 이길 수 없다. 전략이 있는Tactical 목표가 아니라면 그 목표는 아무 쓸모없는 구호가 된다.

 목표를 세워서 임직원들에게 전달하면 무조건 실행될까? 아무리 경험이 많고 숙련된 직원이라도 어떻게 달성할지를 고민하지 않으면 얻을 수 있는 결과는 없다. 어떤 방법으로, 누구와 손을 잡고 실행할지를 함께 고민해야 한다. 목표를 달성하기 위해서는 전략적인 활동계획을 수립한다. 활동을 시기별로 세분화할 수도 있다. 목표를 책임지고 수행할 책임자와 세부 계획을 실행할 담당자도 같이 정한다. 수치화한 목표, 책임자와 담당자, 구체적인 실행 계획을 모두 정해야 한다. 목표를 달성할 수 있는 전략이 함께 세워져야 한다.

 이때 빼놓을 수 없는 것이 회사의 지원이다. 지원 내용 중에서 절대 뺄 수 없는 것은 예산이다. 전쟁에 나서는 장수와 군인에게 군량미와 무기를 주어야 작전을 수행하고 승리할 수 있는 것이다. 목표 달성을 위한 실행 계획에 회사의 충분한 지원과 예산이 뒷받침되지 않으면 어떤 전략도 무의미하다.

P사는 50명 규모로 연 매출 130억인 기업이다. 관급공사와 일반 공사에 필요한 자재를 공급하고 있다. 이 회사의 매출은 해마다 목표를 초과 달성하고 있다. 매출을 책임지는 영업본부장에게 그 비결을 물었다. "우리 회사 제품의 품질이 우수한 것이 첫 번째 비결이고, 무엇보다 마케팅과 홍보에 필요한 부분을 아낌없이 지원받고 있습니다. 영업사원이 필요할 때마다 좋은 인재를 채용해주는 것도 한몫을 단단히 하고요. 출장비와 활동비도 부족하지 않게 쓰고 있습니다." 다른 부서에서도 회사에서 잘 지원해주고 있다는 말을 이구동성으로 한다. 목표 계획서를 확인해보니 필요한 예산과 그 밖에 지원할 사항이 같이 수립되어 있었다. 담당자와 실행 계획도 함께 꼼꼼하게 계획되어 있었다. 해마다 목표를 달성하고 있는 비결이 다른 데 있지 않다.

지원 없이 수행할 수 있는 전략은 없다. 원하는 목표의 크기만큼 지원이 뒤따라야 한다. 목표를 설정할 때 전략과 지원을 반드시 같이 고려해야 한다.

> "전략이 없다면 방향 없이 제자리를 빙빙 도는 키가 없는 배와도 같다. 전략이 없다면 갈 곳을 잃은 떠돌이와도 같다."

영국의 유명 방송인 조엘 로스Joel Ross가 한 말이다. 전략이 없는 목표는 갈 길을 찾지 못해 망망대해를 떠도는 배와 같다. 의미 없이 떠돌다 암초에 부딪힐 것이다. 전략 없이 달성할 수 있는 목표는 없다. 전략과 목표는 뗄 수 없는 동반자 관계이다. 동반자는 함께 있어야 외롭지 않고, 함께 있어야 서로에게 힘이 된다. 전략이 없는 목표는 없고, 목표가 없는 전략은 의미가 없다.

리더십 비즈니스 코드 8 　권한은 날개

역할, 책임, 권한은 삼위일체 한 몸이다. 권한을 받았을 때 역할과 책임을 다할 수 있다. 리더가 역할과 책임을 부여하고 업무를 수행할 수 있는 적절한 권한을 주었을 때 임직원들이 능력을 발휘할 수 있다. 리더는 역할과 책임만 나누어주는 사람이 아니다. 권한이 더해졌을 때 역할과 책임을 다할 수 있다. 권한 없이 역할과 책임을 다하라고 하는 것은 새가 한쪽 날개만으로 날아오르기를 바라는 것과 같다.

리더가 권한을 부여하지 않는다는 것은 직원들을 인재로 인정하는 것이 아니라 머슴으로 여기는 상황이다. IMF 외환위기를 불러온 한보그룹이 부도를 맞았었다. 횡령 등의 혐의로 구속되었던 총수가 국회 청문회에 나와서 했던 답변이 온 국민의 공분을 샀다. "주인인 내가 알지 머슴이 어떻게 아나?" 임직원이 아니라 머슴이라니…… 한보그룹에서 일했던 사람들은 업무에서 무슨 권한이 있었을까?

권한을 주지 않았다면 책임도 물을 수 없다. 권한이 없다면 임무를 다할 수 없다. 리더는 임무를 다할 수 있도록 가능한 모든 것을 지원해야 한다. 그중에서도 권한은 가장 중요한 요소이다. 책임을 묻기 위해서가 아니라 책임을 다할 수 있도록 충분한 권한을 부여해야 한다. 리더는 업무 효율을 높이고 원하는 결과를 얻기 위해 가지고 있는 권한의 일부를 중간리더에게 부여하는 경우가 많다. 절대 본인이 져야 할 책임을 미루고, 귀찮은 일을 떠넘기기 위해 권한을 이양해서는 안 된다. 권한 이양은 책임회피가 아니다.

> "권한 위양을 빙자해 책임을 회피하는 것처럼 무책임한 것이 없다. 무책임한 권한 위양은 조직의 질서를 혼란하게 하고 활력을 저하시킨다."

삼성그룹을 창업한 이병철 회장의 말이다. 대기업을 이끌기 위해서는 권한 이양이 필요하다. 무책임한 권한 이양을 방치했더라면 절대 지금의 삼성을 일구지 못했을 것이다.

P사는 2019년 초 조직 개편을 단행했다. 사업영역 확장에 따라 인원이 많이 늘었고, 부서를 좀 더 효율적으로 개편할 필요가 있었다. 이전까지는 대표이사가 각 팀장을 직접 상대했다. 더는 이런 관리방식이 불가능한 상황이 되었다. 사업본부를 네 개로 나누고 임원들을 본부장에 임명했다. 본부장에게는 대표이사가 가지고 있던 여러 권한을 부여했다. 사원을 채용할 때 대표이사가 결정해서 배치했던 프로세스를 바꿔 각 본부

의 채용은 본부장이 결정하게 했다. 각 본부에 필요한 협력업체와 원부자재 선정도 본부장이 결정할 수 있게 했다. 마지막까지 고심하던 예산 편성에 대해서도 각 본부의 세부 예산을 본부장들이 편성할 수 있게 해주었다.

처음에는 시행착오도 있었지만 빠르게 적응했고 효과도 나타나기 시작했다. 대표이사가 전체 예산 편성을 결정할 때보다 낭비가 줄었다. 협력사와 원부자재를 선정할 때에도 기존에 대표이사와 맺고 있던 인맥을 무시하고 최고의 기술과 품질을 선택할 수 있었다. 대표이사는 우려와 다르게 상당한 효과가 나오고 있어 올해 한 일 중 가장 잘한 일이라고 만족했다.

권한은 날개다. 튼튼한 두 날개. 리더는 직원들에게 날개를 달아주어 높이 오르도록 지원하는 사람이다. 지금까지 날갯짓하지 못하도록 새장 안에 가두어두었다면 과감히 새장 문을 열고 날개를 치며 마음껏 날 수 있게 해주도록 하자. 높이 날아올라 성과를 물어올 것이다.

5장

4단계
: 실행이 답이다

농부가 씨를 뿌린 후에 거름을 주고 풀을 뽑아가며 작물을 가꾼다. 때에 따라 물을 주고 병충해도 단속하며 열매를 수확하기까지 정성을 쏟는다. 기름진 땅에 좋은 밑거름이 뿌려졌다. 씨를 뿌리고 잘 돌보아야 풍작을 거둘 수 있다. 많은 팬이 열광하는 아이돌은 곡과 안무를 준비해서 방송과 공연에서 열정을 쏟아붓는다. 아무리 재능과 끼가 많더라도 무대에서 보여주어야 아이돌로 인정받는다.

기업 비즈니스는 실행으로 결과를 얻는다. 품질 좋은 제품, 고객이 열광하는 서비스가 있더라도 공급하는 행동이 따르지 않으면 소용이 없다. 기회가 널려 있는데 주워 담지 않으면 회사 곳간에 아무것도 채울 수 없다. 기업 상황을 분석한 결과를 바탕으로 목표를 수립했다. 리더는 기업이 비즈니스를 수행할 수 있는 토대를 마련했다. 이

제 비즈니스 프로세스를 충실히 실행해야 한다. 앞서 살펴본 2장, 3장, 4장의 원대한 꿈을 행동으로 옮겨야 한다.

반드시 성공하는 비결

안중근, 윤봉길, 이봉창, 김좌진, 홍범도…… 들을수록 숙연해지는 이름들이다. 이분들이 존경스러운 이유는 조국 독립이라는 큰 뜻을 가슴에 담아 목숨을 걸고 결기를 실행에 옮겼기 때문이다. 그 외에도 많은 분들이 나라의 독립을 위해 싸우다 목숨을 잃었고 크나큰 고초를 당했다. 죽음 앞에서도 굽히지 않고 조국 독립의 원대한 뜻을 펼친 분들이다. 아무리 큰 뜻, 좋은 뜻을 지녔더라도 실행에 옮기지 않고 얻을 수 있는 것은 없다. 작게나마 움직이면 조금이라도 얻는 것이 있다. 온 힘을 다해 실천하면 크게 얻는다. 가슴속에 지닌 뜻의 크기만큼 실행으로 이어져야 성과가 나타난다. 실행이 없다면 가슴에 품은 뜻은 의미가 없다.

운동선수들이 열심히 훈련하는 이유는 경기에서 좋은 성적을 내기 위해서다. 부족한 점을 보완하고 장점을 극대화해 경기에서 실력을 발휘한다. 모든 것을 바쳐 준비했더라도 정작 경기에서 보여주지 못하면 허사다. 간혹 긴장하거나 정신력이 약해 경기를 망치는 선수들이 있다. 결과와 기록은 준비과정과 심리상태를 배려하지 않는다. 가슴 속에 꿈과 의지가 강하게 자리 잡고 있더라도 선수 자신과 관중들은 오직 경기에서 보여준 플레이로만 결과를 인정한다.

기업도 실행이 중요하다. 지금까지 준비해온 모든 것들은 실행하기 위한 준비과정이었다. 상황을 파악하고 고객의 요구를 알아냈다. 비전과 방침을 더하고 목표를 수립했다. 모든 것이 실행을 위한 발판이다. 아무리 유능한 인재를 확보하고 완벽한 목표를 세웠더라도 실행하지 않으면 쓸모가 없다. 목표달성과 기업의 성장은 실행을 통해 이루어진다. 뿌린 만큼 거두고, 실행한 만큼 결과를 얻는다. 원하는 만큼 얻으려면 얻고 싶은 만큼 실행하면 된다. 나폴레옹Napoleon Bonaparte은 실행에 대해 이런 말을 남겼다.

> "어떤 일이 잘되길 바란다면 그것을 직접 하라."

꿈을 꾸고 목표를 세우는 일은 매우 중요하다. 실행을 위한 기반이 되기 때문이다. 열정이 지나쳐 계획 없이 덤비는 것이 아니라 목표를 향해 차근차근 나아가는 과정이다. 목표를 이루기 위한 실행을 해야 한다. 행동이 따르지 않는 꿈은 헛된 상상이다.

회사에 다니면서 여러 심사를 받았다. 그때마다 만난 심사원들을 보면서 심사원이 되고자 하는 비전을 가졌다. 나이 마흔이 넘어 실행에 옮겼다. 회사에서 심사와 관련된 업무를 더 연구하고 신경 써서 일했다. 힘들게 교육 기회를 얻었고 시험을 통과했다. 직장생활 중에 어렵게 시간을 내서 심사를 참관하며 심사원 자격을 갖췄다. 본격적으로 심사원으로 활동하고 기업을 컨설팅하기까지 여러 어려움이 있었지만, 목표를 위해 실행으로 옮겼기에 가능했다. 지금도 심사원이 되기 위해 상담을 요청하는 분, 교육에 참석하는 분들에게 조언할 때 해주는 말이 있다. 반드시 이루고 싶은 꿈이라면 즉시 시작해라. 시작했으면 어려움이 있더라도 멈추지 말고 실천해야 한다. 쉽게 이룰 수는 없지만, 실천하지 않으면 절대 이룰 수 없다.

기업의 비즈니스는 실행으로 부가가치를 창출한다. 제품의 설계가 훌륭하다고 해서 매출이 저절로 일어나지 않는다. 서비스의 구상만 좋아서는 고객이 찾지 않는다. 목표와 전략이 완벽해도 실행하지 않으면 그만이다. 아무것도 이룰 수 없다. 실행에 집중해야 한다. 기업은 실행을 거듭하며 성장한다. 실행으로 결과를 얻어가면서 목표와 전략을 더 발전시킨다. 실행하는 능력이 길러지고 기업과 임직원은 한층 더 성장한다. 실행이 있어야 기업에 선순환이 일어난다.

기업이 세운 비전과 방침을 실천하자. 목표와 전략을 차근차근 행동으로 옮기자. 실행하며 성장하고, 성장을 더 높은 목표에 담자. 실행은 기업이 살아있게 하는 핵심이다. 미국 IT업계의 대표기업인 썬마이크로시스템즈의 CEO를 지낸 스콧 맥닐리Scott McNealy의 말을 기억하자.

> "잘못된 전략이라도 제대로 실행만 하면 반드시 성공할 수 있다. 반대로 뛰어난 전략이라도 제대로 실행하지 못하면 반드시 실패한다."

실행력을 키우는 가장 좋은 방법

중학생인 아들은 초등학생 때부터 친구들과 어울려 클럽 농구를 하고 있다. 정식 등록된 선수가 아니라 취미로 주 1회 클럽에서 배우는 정도이다. 1년에 두어 번 시합에 참여할 때 응원하러 경기장에 가서 아들과 아들 친구들의 경기를 지켜본다. 초등학생 때와는 다르게 아이들 사이에 실력 차이가 크게 벌어져 있다. 그만그만한 키와 실력이었는데, 중학생이 된 아이들은 키 차이도 크게 나고 실력이 매우 다르다. 개인 실력이 차이가 나고 팀 실력도 차이가 크다. 기본기가 잘되어 있는 아이들과 그렇지 않은 아이들로 구분된다. 벌써 노련하게 플레이하는 아이들도 있다. 시합의 결과는 가지고 있는 실력이 어느 정도인지와 그 실력을 얼마나 충분하게 발휘하는가로 결정된다. 실력 발휘는 결국은 두 가지이다. 기본기와 결정력. 연습과 훈련으로 기본기를 다지고 과감한 플레이로 마무리하는 것이다.

기업 비즈니스의 성과는 실행력으로 나타난다. 목표와 전략을 실행에 옮기는 것은 당연한 일이다. 시작했으면 끝이 있기 마련인데 마지막에 어떤 결과를 얻는지는 실행력에 달려 있다. 기업의 실행력은 계획과 전략을 실천하며 목표를 달성하는 능력이다. 하는 둥 마는 둥 하는 모습에는 실행력이 담겨 있지 않다. 기업은 가지고 있는 자원을 사용하면서 해야 할 일을 수행한다. 자원을 효율적으로 사용하며 원하는 결과를 만들어내는 능력이 실행력이다.

실행력은 성장하는 힘이 된다. 실행과 성장은 함께 가는 동반자 관계이다. 이들 사이의 간격을 좁혀 밀착하게 하는 것은 실행력이다. 많은 것을 해낼 때 더 높이 성장하기 때문이다. 실행력은 성장의 크기가 된다. 실행력은 신념의 크기와 비례한다. 사람들은 의지가 클수록 더 큰 힘을 발휘한다. 기업이 목표를 설정해서 반드시 달성하고자 하는 의지를 임직원 전체가 공유할 때 기업의 신념이 된다. 신념이 클수록 응집력이 향상되고 반드시 이루고자 하는 움직임이 강하다. 기업 전체가 의지를 공유하고, 신념의 크기를 키우면 실행력은 높아지게 된다.

  축구 경기에서 공격수가 골문 안으로 공을 넣어야 할 때 넣지 못하는 답답한 상황이 있다. 메시, 손흥민 등 세계 수준의 공격수는 골을 넣어야 할 때 넣을 수 있는 선수들이다. 이들에게 '골 결정력'이 좋다고 한다. 많은 골을 결정짓는 팀이 이긴다. 실행력은 결정력으로 매듭짓는다. 시작하고 수행하는 능력도 중요하지만 마무리하는 능력이 중요하다. '열심히'만 하는 것이 아니라 원하는 결과를 만들어야 한다. 고객을 아무리 끌어들이더라도 팔지 못하면 안 된다. 일을 벌여놓았으면 성과를 만들어야 한다.

  기업의 실행력은 사람과 시스템에서 나온다. 임직원들의 능력이 기업의 능력이 된다. 성과가 나올 수 있는 시스템을 만들어야 한다. 기업의 능력을 키워 실행력을 높이기 위해서는 사람에게 투자하고 시스템을 업그레이드해야 한다. 사람을 키우고 성과가 나오는 시스템을 만들어야 한다. 교육과 훈련으로 개인의 역량을 키우고, 적재적소에 충분한 능력을 갖춘 사람을 배치한다. 실력 있는 파트너와 시너지를 창출한다. 고객의 요구사항을 파악해서 제품과 서비스를 개발한다. 비상사태를 대비하고 법규 리스크를 예방한다. 모든 것을 문서와 기록으로 남겨 기업의 무형 자산을 축적한다. 이러한 프로세스들 모두가 기업의 실행력을 키우기 위한 노력이다. 실행력은 저절로 생기지 않고 프로세스를 구축하고 실행에 옮기면서 커진다.

좋은 나무는 목수를 돋보이게 한다

어릴 적 논농사를 하는 시골에서 자랐다. 봄이면 부모님과 마을 어른들이 볍씨를 고르는 것을 많이 보았다. 벼농사로 좋은 쌀을 수확하기 위해서 좋은 볍씨부터 고른다. 농사를 위해 따로 보관해온 벼 몇 가마를 곳간에서 들어낸다. 마당 한쪽에는 커다랗고 붉은 플라스틱 통에 물을 붓고 소금을 푼다. 소금물에 날계란을 넣고 계란이 떠오를 때까지 소금물 농도를 맞춘다. 농도를 적당하게 맞춘 소금물에 바가지로 조금씩 볍씨를 붓는다. 이때 물 위에 떠오른 볍씨와 가라지를 걷어낸다. 소금물에 뜨지 않고 가라앉은 볍씨는 속이 꽉 찬 알곡이다. 이 알곡들이 한 해 농사에 쓰이도록 선택받는다. 좋은 볍씨를 골라 씨앗으로 삼는 것은 당연한 일이다.

풍성한 수확을 위해 좋은 씨앗을 고르는 것은 한 해 농사의 시작이다. 좋은 씨앗을 심어야 윤기 나고 맛있는 열매를 많이 얻는다. 결실을 위해서는 좋은 씨앗이 필요하다. 기업 비즈니스에서 좋은 성과를 위해서는 좋은 인풋Input이 필요하다. 인풋은 설비, 원자재, 인원, 자금, 기반구조 등이 해당한다. 어느 하나라도 수준이 미달하는 것을 투입하고서 원하는 만큼 결과가 나오기를 기대해서는 안 된다.

　가장 좋은 것을 투입해야 한다. 제품을 생산하기 위해서는 가장 좋은 원료와 자재를 선택해서 사용해야 한다. 서비스에 필요한 물품도 가장 좋은 것을 사용해야 한다. 수준이 떨어지는 원재료를 가지고 최상의 제품과 서비스를 기대할 수 없다. 좋은 원재료를 사용하는 것을 주저하면 안 된다. 좋은 품질에는 큰 비용이 뒤따르기 마련이다. 지출이 늘어나는 것이 기업의 부담이 되는 것은 사실이다. 하지만 눈에 바로 보이는 비용만 생각하는 것은 성급한 모습이다. 좋은 원재료가 가져오는 제품의 품질, 고부가가치, 높은 생산성을 함께 고려해야 한다. 품질이 좋지 않은 원재료를 썼을 때 나타나는 고객 불만, 시장축소, 품질 실패 비용, 낮은 생산성을 우려해야 한다.

　좋은 것을 사용하라는 것이 무조건 값비싼 것을 사용하라거나 비용을 아끼지 말고 무한정 지출하라는 뜻이 절대 아니다. 고객이 원하는 수준의 품질을 구현하기 위한 적절한 비용 한도에서 가장 좋은 원자재를 사용하라는 의미이다. 가성비가 훌륭한 제품을 원하는 고객에게 값비싼 명품을 제시하는 어리석은 일은 없어야 한다.

　기업은 제품과 서비스에 사용하는 원재료를 선택할 때 비용과 고객만족을 동시에 고려한다. 제품에 맞게 합리적인 비용으로 최적의 원재료를 선택해서 고객만족을 추구해야 한다. 좋은 인풋은 값비싼 명품도 아니고 원가가 낮은 허접한 물건은 더욱 아니다. 가장 좋은 원재료는 고객이 품질과 비용 면에서 동시에 만족할 수 있는 것이다. 이를 실행에 옮기기 위해서는 기업의 비전, 의지와 함께 양심이 작동해야 한다.

기업은 가용할 수 있는 가장 좋은 자원을 활용해야 한다. 자원은 원재료를 포함해, 설비, 자금, 네트워크, 그리고 사람이다. 신선한 식자재와 완벽한 조리 도구를 이용해 훌륭한 요리사가 가장 맛 좋은 음식을 만든다. 어느 하나가 아니라 두루두루 최선의 자원을 투입해야 한다. 자원은 어느 하나라도 소홀히 할 수 없다. 길이가 다른 나무판을 붙여 물동이를 만들면 가장 짧은 쪽으로 물이 샌다. 이 물동이가 담을 수 있는 양은 가장 짧은 나무판이 결정한다. 기업의 실행과 결과는 수준이 가장 낮은 자원이 결정한다. 기업은 더 나은 자원을 확보해야 하고, 가지고 있는 가장 좋은 것들을 사용해서 최상의 결과를 만들어야 한다.

"감이 재간이다." 어떤 옷감을 쓰느냐에 따라 옷이 달라지므로 옷감이 바로 재주가 된다는 우리나라 속담이다. 옷감이 좋아야 솜씨를 드러낼 수 있다. 재료가 좋으면 일이 잘되게 되어 있다. 좋은 옷감이 옷 만드는 사람의 솜씨를 드러나게 한다. 좋은 목재를 가진 목수는 자신의 솜씨를 마음껏 발휘할 수 있다. 좋은 자원은 더 높은 결과를 만들어내고, 좋은 자원은 기업의 능력을 키울 수 있는 경험을 제공한다.

자격 있는 사람이 일하라

의사는 질병을 치료하는 사람이다. 환자의 생명까지 다루는 중요한 직업이다. 변호사는 법률 분쟁이 있는 사람을 대리한다. 법정에서 유무죄와 재산상의 권한을 대신 다투는 막중한 책임을 지고 있다. 이들이 이렇게 중대한 일을 할 수 있는 이유는 그만한 자격이 있기 때문이다. 의사는 어려운 의학 공부를 하고 시험을 통과해 의사면허를 취득한다. 변호사는 사법시험이나 변호사 시험에 합격해서 자격을 얻는다. 매우 중요하고 가치 있는 일이기에 많은 공부가 필요하고 엄정한 시험을 거쳐야 한다. 면허가 없는 사람이 의료행위를 할 수 없고, 자격 없이 변론할 수 없다.

우리 사회에는 수많은 자격이 있다. 각 분야의 전문성을 인정받고 해당 영역에서 업무를 할 수 있는 권한을 받는다. 경찰이 국민 안전을 위해 범죄자를 체포할 수 있고, 임용고시에 합격했을 때 아이들을 가르칠 수 있는 자격이 생긴다. 범죄자의 자유를 제한하거나 교단에 서는 일은 아무나 해서는 안 된다. 자격 없이 이런 일을 하게 되면 범법자가 되어 처벌을 받아야 한다. 법의 심판을 받지 않기 위해서가 아니라 자격과 능력이 있는 사람만이 중요한 일을 할 수 있고 책임져야 하기 때문이다.

기업에 있는 모든 직무에는 책임, 역할, 권한이 따른다. 모든 직무는 아무에게나 맡겨서는 안 된다. 각 직책에 맞게 업무에 적합한 사람을 배치하고 그들이 일해야 한다. ISO 9001 품질경영시스템에서는 '적격성'이라는 용어가 있다. 역할에 맞는 능력과 지식을 갖춘 인원이 해당하는 업무를 수행할 때 '적격성을 갖추었다'라고 한다. 적격성을 이해하고 기업에 적용하기 쉽게 표현하면 자격이 된다.

적격성을 갖추기 위해서는 세 단계를 거친다. 먼저, 직무 수행에 필요한 능력과 지식을 포함한 자격을 정한다. 다음으로, 자격을 갖춘 사람을 선발한다. 적절한 사람이 없다면 교육과 훈련을 통해 능력과 지식을 갖추게 한다. 마지막 단계는 자격을 갖춘 사람이 해당 직무에서 능력을 발휘하는 것이다. 기업에는 인사, 교육, 재무, 회계, 법무, 개발, 영업, 생산, 판매 등의 수많은 직무가 있다. 더 상세하게 나누면 교육 업무에도 교육기획, 교육진행, 교육평가 등으로 구분된다. 업무에 필요한 자격의 기준을 정하는 일은 세부 업무를 대상으로 한다. 생산 직무에도 설비의 종류, 취급하는 원자재, 조립하는 완제품에 따라 각각 충분한 자격을 갖춘 사람을 배치한다. 이런 과정을 통해 적격성을 갖추어간다.

C사는 산업용 기계를 제조하는 기업이다. 주요 부품을 직접 가공해서 조립까지 한다. 이 회사에는 특수설비가 두 대 있다. ISO 9001 인증심사 5개월 전에 두 대 중 더 큰 설비 담당자가 바뀌었다는 점을 확인했다. 해당 설비는 기계의 축을 가공하는 중요한 설비이다. 새로운 담당자를 어떻게 선정했는지 물었다. 다른 업무를 담당하던 직원이 한번 해보고 싶다고 해서 이 사람으로 선정했다는 것이다. 이 설비 담당자에게 필요한 자격을 정해놓은 내용을 보자고 했다. 특별한 기준이 없고 그냥 잘 할 수 있겠다고 판단되어 업무에 배치했다고 한

다. 중요한 설비라서 아무나 담당자가 될 수 없다는 점은 인정했다.

중요한 업무일수록 적격성은 엄격하게 관리되어야 한다. 새로운 담당자가 여러 기준을 따져보았을 때 적임자로 드러날 수도 있을 것이다. 중요한 업무라고 인정한다면 당연히 담당자의 직무 자격을 충분히 검토하고 설정해서 능력이 충분한 사람을 배치해야 한다. 해당 업무에서 오류가 발생했을 때 기업이 입는 손실이 크기 때문이다. 자격에 맞는 사람을 배치하는 것보다 직원들이 여러 자격을 갖추려고 노력하는 기업문화가 중요하다. 인재풀이 넘치면 공백을 메우기 쉽고 기업이 비즈니스를 확장하기가 수월하다. 능력이 안 되는 사람으로 억지로 끌어갈 것이 아니라 평소에 역량을 키우는 데 힘써야 한다.

기회가 될 때마다 기업의 최고경영자나 인사 책임자에게 직무 자격의 중요성을 언급한다. 꼭 들어맞는 사람을 채용하기 어렵다는 하소연을 할 때도 있지만 그 중요성에 대해서는 모두 공감한다. 아무에게나 맡겨서 아무런 결과를 얻어서는 안 되기 때문이다. 적격성이 갖춰지면 기업의 프로세스가 원활하게 작동된다.

교육의 목적은 알게 하는 것이 아니다

팔십 노인도 세 살 먹은 아이에게 배울 것이 있다. 배움에는 때와 한계가 없다. 부족하거나 더 알아야 하는 지식이 있다면 나이에 상관없이 배워야 한다. 나이와 직업이 배우는 일을 피할 수 있는 핑계가 될 수는 없다.

어려서부터 공부하라는 말을 수없이 들었지만, 직장에서 교육을 강조할 때에는 거역할 수 없었다. 대학까지 다니며 배운 지식만으로는 회사에서 업무를 하는 데 많이 부족하기 때문이다. 지시가 없더라도 스스로 찾거나 회사에 요청해서 교육을 수강하는 경우가 많았다. 처음에는 자리를 비우고 교육을 받으러 가는 것이 눈치가 보였다. 다행히 신입사원 시절 팀장과 선배들은 교육을 적극적으로 추천했고, 시간을 보장해주었다. 지금도 관심이 많거나 직업에 도움이 된다면 주말과 저녁 시간을 할애해서 많은 교육을 듣는다.

이전에 다녔던 회사에서는 신입사원이나 연차가 낮은 후배 직원들에게 두 가지를 잔소리하듯 강조했다. 책을 많이 읽어라. 교육을 많이 받아라. 학교에서 배운 지식은 곧 바닥이 나기 때문에 시간을 내서 새로운 기술과 지식을 습득해야 하기 때문이다. 내 말을 새겨들은 사람도 있고 흘려버린 사람도 있다. 자기계발에 기꺼이 나선 사람과 그렇지 않은 사람 간에는 시간이 지날수록 직장생활 모습이 달라져 있다는 점은 분명하다. 업무 영역과 역할이 커진 후배와 그렇지 않은 상황이 눈에 들어온다.

입사할 때 가지고 있던 기술과 능력으로 한 업무에서만 퇴직할 때까지 일하리라는 생각은 큰 착각이다. 기업은 직원들이 실력을 더 쌓아 업무효율을 높이고 새로운 기술을 익혀서 기업 가치를 올려줄 것을 기대하기 마련이다. 기업 교육의 목적은 두 가지이다. 임직원 개인의 성장과 더불어 기업 전체의 성장을 가져오는 것이다. 기업은 기업과 임직원 개인을 위해 구성원들의 능력을 키우는 데 힘쓴다. 사람은 끊임없이 발전해야 하고 성장해야 하는 존재이다. 나이와 역할에 상관없이 지식과 능력을 키워야 한다. 흘러가듯 보고 듣는 것으로 얻어지는 능력에는 한계가 있다. 전문지식을 파고들어가듯 공부해야 하고, 전문가를 통해 학습하고 훈련해서 성장해야 한다.

  기업은 개인이 교육을 통해 얻은 지식과 경험을 고려해서 직무에 배치한다. 수준 높은 능력이 필요한 직무에는 그만큼 능력과 자격이 충분한 사람을 배치한다. 교육과 훈련으로 자격과 능력을 키워서 기업이 원하는 목표를 달성하려는 기대를 건다. 기업의 교육과 훈련은 분명한 투자이다. 낭비나 손실이 절대 아니다. 투자는 이익으로 회수하기 위한 뚜렷한 목적을 가지고 먼저 내는 비용이다. 교육과 훈련에 지출하는 비용을 아끼는 것은 속 좁은 판단이다. 교육에 대한 투자가 기업의 효율을 높여 성장을 가져온다는 진리를 알아야 한다.

  심사를 위해 기업을 방문해보면 작년과 올해 교육계획에 변화가 없는 경우를 종종 보게 된다. 왜 이렇게 계획을 수립했는지 묻는다. 작년과 올해 회사의 상황에 변화가 없어서 특별히 필요한 교육이 더 없기 때문이라는 답이 돌아온다. 가장 어이없는 대답은 "굳이 돈과 시간을 써가며 교육을 꼭 해야 하는 건가?" 하는 말이다. 작년과 같은 올해, 올해와 같은 내년이 지속할 것이라고 믿는 것은 큰 오산이다. 새로운 지식과 기술, 시대의 변화를 좇아가지 못하는 기업은 멈추는 것이 아니라 뒤처질 수밖에 없다.

  교육의 목적은 알게 하는 것이 아니라 아는 것을 실천하게 하는 것이다. 기업의 교육은 듣고 보는 데서 그쳐서는 절대 안 된다. 학습하고 익힌 바를 자신의 직무에서 기업을 위해 펼쳐놓아야 한다. 펼칠 가치가 없는 교육을 추구해서도 안 된다. 시간과 비용을 할애해서 배우고 익힌 바를 펼칠 기회를 얻지 못하는 것도 큰 낭비다. 기업 교육은 학습과 훈련으로 익힌 것들을 충분하게 수행할 때 완성된다. 기업은 교육을 보장하는 것에 그쳐서는 안 되고, 직무에서 펼칠 수 있는 여건과 기회를 제공해야 한다. 개개인의 능력 향상이 기업의 발전으로 이어질 때 기업 교육은 목적을 다하게 되는 것이다.

리더십 비즈니스 코드 9 ▶ 보장하면 보장된다

장영실은 동래현의 관노였다. 재주가 뛰어난 그는 태종 때에 조정의 상의원尙衣院에 소속되어 충녕대군과 함께 천문기구 제작에 전념할 수 있었다. 세종은 장영실이 재주가 비상함을 인정했고 그에게 명나라 유학까지 할 수 있도록 배려했다. 세종은 미천한 노비 신분이었던 그를 종3품 대호군의 직책까지 이르게 해주었다. 조정 관료들의 반대와 장애를 걷어주었고 능력을 발휘할 수 있도록 많은 것을 보장했다. 장영실은 자신을 믿어주고 배려해준 세종의 기대를 저버리지 않고 많은 일을 해냈다. 자격루, 간의대. 흠경각, 앙구일부를 만들어 백성들의 민생을 편리하게 했고 나라의 과학기술 수준을 올렸다. 백성들의 생활을 돌보고자 한 세종의 애민정신이 실현되도록 제 역할을 다했다.

국가는 국민이 안전하고 자유로우며 편리하게 살 수 있도록 보장해야 한다. 안전한 나라를 만들어서 국민이 위험을 걱정하지 않도록 해주고, 법 테두리 안에서 자유가 침해받지 않고 편하게 살 수 있는 나라를 만들어주어야 한다.

남들보다 우월한 지위에 있는 사람들은 자신들이 가진 권력을 정당하게 사용해야 한다. 기업의 리더 또한 마찬가지다. 리더는 자신의 권한으로 임직원들이 스스로 능력을 발휘할 수 있도록 보장하는 데 힘써야 한다. 임직원들이 가진 역할과 책임, 권한, 능력을 마음껏 펼칠 수 있도록 방해하거나 제한하지 않는 것이다. 보장은 방해하지 않는 것을 넘어서 배려하고 지원해주는 것을 의미한다. 응원하고 보완해주었을 때 그들의 영역은 보장되고, 보장은 더 큰 결과로 돌아오게 된다.

보장은 믿음과 배려다. 아랫사람이 제 역할을 못 하고 기대에 미치지 못할 때 기다려주는 것이 배려다. 기업이 한 사람이나 한 프로젝트에 필요한 시간과 비용을 넘치게 지원하기가 쉽지 않다. 대기업은 많은 부분이 넉넉해서 좋은 결과를 만들어낼 가능성이 크다. 인재가 부족하고 여건이 어려운 중소기업일수록 더욱 리더가 배려하고 믿어주며 보장해주어야 한다.

최선을 다하고 있는데 시간과 지원이 조금 더 필요한 상황일 때 리더는 조급해지지 말고 그들의 헌신을 보장해주어야 한다. 나태하거나 자신감이 떨어진 직원에게 다시 제자리로 돌아오도록 주의를 주는 것도 배려다. 믿음이 없다면 중단시키고 다시는 그에 대한 기대를 걸지 않을 것이다. 능력을 펼칠 수 있도록 믿고 보장하자.

리더가 직원들의 업무에 울타리를 쳐주는 것이 보장이다. 중요한 일을 담당하는 직원에게는 회사 안팎에서 많은 장애와 방해가 들어온다. 이런 것들에 시달리고 있는 동안에는 일에 집중하기 어렵고, 결과를 만들 수 없다. 외부의 힘에 휘둘리지 않도록 막아주는 리더의 역할이 필요하다.

리더가 직원들의 일을 보장한다는 것이 관심을 거두고 내버려둔다는 의미가 아니다. 그들이 역할과 책임을 다할 수 있도록 문제를 파악하고 해결 방안을 같이 고민해야 한다. 그에 앞서 문제나 장애물이 생기지 않도록 먼저 살펴주는 것이 직원에 대한 배려이고 보장이다.

리더가 기업 내에서 직원들에게 많은 것을 보장해주는 것처럼, 밖에 있는 고객들에게도 보장해주어야 할 것이 있다. 회사의 제품을 이용하는 고객이 만족할 수 있도록 품질과 서비스를 보장해주어야 한다. 고객들의 기대를 실현해줄 것이라는 믿음을 주는 것도 고객에 대한 배려다. 고객이 원하는 것을 보장해줄 때, 고객은 기업의 현재와 미래를 보장해줄 것이다.

보장은 일방통행이 아니다. 양방향으로 주고받는 것이다. 기업의 리더가 직원들에게 배려, 믿음, 보장을 내어주었을 때 결과와 성과가 보장된다. 리더가 구성원들과 함께 고객만족을 보장해주었을 때 고객은 기업의 오늘과 내일을 보장해줄 것이다.

어울리지 않는 옷은 과감히 벗어라

몸에 맞는 옷을 입어야 한다. 작은 옷을 입으면 행동이 불편하거나 옷이 찢어질 수 있다. 큰 옷을 입어도 행동이 불편하고 다른 사람들 눈에 어리숙하게 보인다. 제 몸에 잘 맞는 옷을 입을 때 활동하기에 편하고, 보기에도 좋다.

몸에 맞는 옷처럼 자신에게 맞는 일과 자리가 있다. 직업에 귀천은 없지만 잘하고 성과를 낼 수 있는 일은 저마다 따로 있다. 한 분야에서 실력을 쌓고 견문을 넓혀 멀티로 일하거나, 관련된 다른 분야로 영역을 확장하는 것과는 다른 의미이다.

사람에게 맞는 일이란 앞서 언급했던 자격과 관련이 있다. 기업은 직무에 적합한 자격을 정하고, 자격을 갖추어 업무를 수행할 수 있도록 교육과 훈련을 시킨다. 능력과 자격이 충분한 사람이 해당 업무를 할 수 있도록 보장해야 한다. 이제 갓 입사한 신입사원에게 팀장을 시킬 수 없고, 화학공학과를 졸업하고 경력을 쌓아온 사람에게 기계 설계를 맡길 수는 없다. 생산과 품질만을 담당해온 사람에게 재무와 회계 업무를 시켜서도 안 된다. 성실하고 가능성이 크다는 이유만으로는 이해될 수 없다. 직무배치를 어떻게 하는 것이 본인과 회사를 위한 길인지 냉철하게 생각해야 한다.

공군 장교로서 5년간의 군생활을 마치고 첫 직장에 입사했다. 군 복무 시절 보급을 담당해온 경력을 고려해서 구매업무에 지원했다. 첫 출근 날 인사교육 업무로 발령이 난 것을 알았다. 지원한 부서와 다르게 배치된 이유를 물었더니 인사 담당자가 대답해주었다. 공장장이 '인사와 교육은 장교 출신이 잘하기 때문에 그렇게 발령을 내달라'고 했다는 것이다. 군대를 다녀오지 않은 공장장 개인 의견으로 생각지도 못한 업무를 담당하게 되었다.

그 일을 하는 동안 어울리지 않는 옷을 입고 있다는 느낌을 지울 수가 없었다. 신입사원 시절 퇴사도 진지하게 고민했다. 인사교육 업무에서는 이렇다 할 만한 성과를 내지 못했다. 다행히 공장장이 바뀐 후 전공인 산업공학에 맞는 품질관리팀으로 부서를 옮기고 나서 내 옷을 입고 일하는 느낌을 받을 수 있었다. 처음부터 구매나 품질관리 업무를 담당했더라면 3년의 세월을 허비하지 않았을 것이라는 후회가 남아 있다.

어떤 일이라도 성실하게 수행하면 언젠가는 알아줄 날이 올 것이라고 말하는 사람이 많다. 틀렸다고 단정할 수 없지만 아쉬움이 있다. 아무 일이나 맡길 것이 아니라 잘할 수 있는 일을 맡겼다면 '언젠가는'이라는 기간이 짧아질 것이다. 어느 쪽이 기업과 담당자 모두에게 이익이 가는 것인지 생각해봐야 한다. 배움과 경험에 대해 편견을 가지라는 의미는 아니다. 세상은 객관적이고 합리적인 잣대를 요구한다. 그 잣대는 엄격해야 한다. 기업과 개인의 공동 이익을 바라보아야 한다. 사람을 '아무나'로 대하지 않고 '충분한 자격이 있는 자'로 여기는 시선이 필요하다.

직무에 배치하기 위해 필요한 자격은 겉으로 드러난 모습만이 아니다. 인사카드에 기록된 내용도 다가 아니다. 본인이 해야 할 일을 잘 아는, 성과를 만들 수 있다는 자세와 철학이 중요하다. 교육을 받고 훈련을 거쳐 능력을 키웠더라도 할 수 있고 해내겠다는 의지와 자신감을 가진 사람을 배치해야 한다. 가진 능력을 확신하지 못하면 도전할 수 없다. 자신의 능력을 객관적인 시선으로 보고 확신을 가진 사람에게 중요한 일을 맡겨야 한다. 도전정신은 충분한 자격이 된다. 자만한 사람도 자격이 없다. 내가 하면 대충해도 된다는 생각은 어떤 직무에도 자격이 안 된다. 작은 능력을 과신하면 실수하게 된다. 더 발전하고 보완하려는 생각이 없다면 어떤 일도 믿고 맡겨서는 안 된다.

옷은 사람에게 맞아야 하고, 사람은 옷을 살린다. 역할과 책임에 맞는 사람을 배치하고, 사람은 자신의 능력을 충분히 펼칠 수 있는 일을 해야 한다. 일하면서 배우고, 배우고 익힌 것들을 업무에서 실천하며 더 큰 자리에 어울리는 자격을 갖춰나간다. 기업은 자격에 맞는 사람의 성취로 목표를 달성한다. 충분한 자격이 있는 사람에게 동기를 부여하고 도전할 기회를 제공해야 한다. 자격은 사람을 거르는 벽이 아니라 딛고 올라서는 발판이다.

아는 게 돈이다

영국의 철학자 프랜시스 베이컨Francis Bacon은 "아는 것이 힘이다"라고 했다. 지식의 중요성과 위력을 나타내는 말이다. 지식은 그 자체로도 힘이 있지만 하나의 지식이 다른 지식과 더해지면 영향력이 더 커진다. 지식으로 의미 있는 결과물을 만들고, 그 과정에서 새로운 지식을 얻는다. 지식은 무한하게 넓어질 수 있고 파급력은 멀리멀리 퍼질 수 있다. 세계적인 미래학자이자 경영학자인 피터 드러커_{Peter} Ferdinand Drucker는 "앞으로 지식을 지식에다 적용하여 새로운 지식을 창출하는 과정인 지식혁명이 인류의 가장 위대한 발명품이 될 것"이라고 예측했다. 지식경영을 강조한 그는 지식과 비즈니스에 관한 여러 강연과 저서에서 지식의 중요성을 강조했다.

지식은 우물 안 개구리를 면하게 해준다. 기업이 현재 알고 있는 지식만으로는 기회를 살리고 위기를 극복하는 데 한계가 있다. 기업이 보유하고 있는 자원만으로 새로운 것을 시도한다면 한계에 직면할 수밖에 없다. 지식을 확보하고 활용해서 우물을 뛰어넘어야 한다. 비즈니스는 지식 기반이어야 한다. 기업은 비즈니스와 관련한 지식을 많이 쌓아두는 노력이 필요하다. 많이 보고 많이 들어서 머릿속에 남겨두는 것이다. 학습 내용은 시간이 지나면 기억에서 희미해지고 일부만 지식으로 남는다. 하지만 학습 자료는 시간이 지나도 그대로 남아 있다. 나중에 다시 보면 그때 기억과 느낌이 살아난다. 유형의 지식을 축적하는 일 또한 매우 중요하다.

유형의 지식은 여러 종류가 있다. 학습 교재는 물론 논문, 연구 보고서, 특허 자료, 전문 서적 등 다양하다. 그 안에는 비즈니스에 필요한 내용이 담겨 있고, 위기와 기회에 대처할 수 있는 길이 있다. 최신 기술 동향과 시장 트렌드도 알 수 있다. 연구개발 과정에서 막혔던 벽을 넘을 수 있는 사다리가 담겨 있다. 다른 사람, 다른 기업이 이미

겪었던 경험 안에 어려움을 벗어날 길이 열려 있다.

J사는 인원이 70명 정도 되는 자동차 부품회사이다. 회의실 한쪽에는 책장 가득히 다양한 책들이 꽂혀 있었다. 교양서적, 자기계발 서적부터 경영서적, 전문서적까지 가득 차 있었다. 직원들과 독서의 기쁨을 나누고 싶은 대표이사의 마음이 벽면에 가득했다. 반대쪽 책장에는 각종 논문과 연구 보고서가 채워져 있었다. 기업의 외부교육에 참여한 직원들이 받아온 교재와 참고자료들이었다. 임직원들이 개인적으로 참여한 교육에서 받아서 자발적으로 회사에 제공한 자료들도 있었다.

이렇게 많은 자료를 확보해놓은 이유는 예상대로였다. 자동차산업은 끊임없이 기술이 발전하고 있고 이런 흐름을 놓치지 않아야 하기 때문이다. 지금은 내연기관 자동차가 대다수이지만 전기자동차와 자율주행 자동차가 곧 시장을 지배할 것이 확실하기 때문에 회사도 미래를 위한 노력이 필요했다. 전문지식 없이 기업의 미래를 준비할 수 없기 때문이다.

기업이 지식을 확보하는 목적은 비즈니스에 활용하기 위해서다. 공부하는 학생의 책장에 참고서가 가득해도 꺼내서 공부하지 않으면 제 역할을 하지 못한다. 아무리 훌륭한 지식자료를 확보했더라도 대표이사실 장식장에 넣고 열쇠로 잠가놓으면 장식품에 지나지 않는다. J사처럼 공개된 장소에서 구애받지 않고 활용할 수 있는 환경을 만들도록 하자. 누구든지 접근할 수 있고, 누구든지 볼 수 있어야 한다. 임직원 모두가 지식의 주인이 될 것이다.

유형의 지식이 임직원 개개인과 기업 전체에 쌓여야 빛을 발한다. 지식을 쌓는다는 것은 책장 가득 비치한다는 것을 넘어서야 한다. 지식이 회사의 자원이 되고, 그 자원이 부가가치를 만드는 일에 기여할 때 비로소 지식이 쌓였다고 할 수 있다. 탈무드에는 이런 말이 있다. "지식을 쌓지 않는 것은 지식을 감소시키는 것이다." 기업은 지식을 쌓아야 한다. 회사가 확보하고 임직원들 머릿속에 쌓아야 한다. 지식을 쌓는 일을 멈추면 안 된다. 누군가에 의해 검증된 지식, 성과를 만든 지식이 기업을 살리는 지식이 된다. 지식을 비즈니스에 쌓아야 한다. 지식은 비로소 보배가 된다.

나만의 노하우, 빛 좋은 개살구

남들과 다른 방법으로 맛을 내는 숨겨진 고수를 찾아가는 TV 프로그램을 가끔 본다. 음식을 만드는 기본 재료는 다른 사람들과 같다. 짜장면은 밀가루로 면을 뽑고, 야채를 볶은 다음 춘장을 더해 소스를 만든다. 김밥은 김 위에 밥을 깔고 달걀, 햄, 당근, 어묵을 넣어 말아서 요리한다. 밀가루 반죽에 효모를 넣어 발효해서 빵을 만드는 것도 다르지 않다.

조리하는 과정을 조금 더 들여다보면 남들과 다른 비법이 숨어 있다. 가지와 노란 사과를 우려낸 물로 짜장면 반죽을 한다. 오이를 우린 물에 찹쌀가루를 섞어 반죽해서 떡을 찌고, 이 떡이 들어간 반죽으로 부드럽게 바삭하며 향이 더해진 치킨을 튀겨낸다. 40년 넘은 고수의 떡볶이는 은은한 단맛과 향긋한 해물 맛이 일품이다. 메밀국수 소면과 파를 같이 넣어 끓이고, 사과와 배를 넣어 만든 양념장 덕분이다. 맛을 찾아 나선 요리 전문가들조차 연신 감탄이다. 더 맛있는 음식을 만들기 위한 열정과 수많은 시행착오가 만들어낸 결과이다. 보는 사람에 따라서는 '별거 아니네'라고 할 수 있지만, 그간의 노력을 모르기 때문에 경솔한 표현을 하는 것이다. 그분들은 평범한 재료를 가지고 남들과 다른 비법을 만들었기 때문에 사람들로부터 칭송을 듣고 있다.

오랜 기간 업을 이어온 기업에는 특별한 노하우가 있다. 공장을 둘러보면 다른 회사에서는 보기 힘든 공구와 독특한 지그가 있다. 기계를 다루는 작업자의 손놀림이 다르다. 최고의 품질, 효율, 안전을 위해 수많은 시도와 시행착오를 거쳐 만들어낸 결과물이다. 그 안에는 열정을 가지고 회사에 오래 근무한 기술자의 땀이 녹아 있다. ISO 인증을 위해 방문한 대부분 중소기업의 기술자들은 저마다 노하우를 가지고 있었다. 가장 오랫동안 열정을 가지고 매달린 기술자의 손길이 느껴지는 곳이 한둘이 아니다.

많은 중소기업에서 느끼는 아쉬움은 어렵게 탄생한 노하우가 말과 행동으로만 전달된다는 점이다. 노하우는 공구, 설비, 장치로 드러나는 경우가 많지만 섬세한 움직임도 있다. 일하는 프로세스일 수도 있고, 좋은 것을 찾아내는 눈썰미일 수도 있다. 이런 노하우는 시간이 지나면 사라지거나 변색하는 경우가 많다. 기록으로 남기지 않기 때문이다. 말을 통해 사람과 사람을 건너면 본질이 다르게 전달되는 경우가 많다.

기업이 보유한 노하우를 기록으로 남겨야 한다. 글로 표현이 어려우면 사진과 함께 남겨서 이해하기 쉽게 할 수도 있다. 그것도 어렵거나 정확한 이해가 필요하면 동영상으로 남길 수 있다. 스마트폰으로 촬영하면 그리 어렵지 않다. 기록된 노하우는 어떤 것과도 바꿀수 없는 소중한 자산이다. 학습과 훈련은 지식이 되고, 지식에 경험을 더해 노하우가 된다. 지식과 노하우는 눈으로 볼 수 있는 기록으로 남겨야 누구든지 활용할 수 있다. 직접 관계된 사람이 아니더라도 눈으로 보며 새로운 아이디어를 낼 수 있다. 무형 지식과 노하우가 눈으로 볼 수 있는 모습을 갖춰 쌓일 때 기업의 자산이 된다.

첫 직장에서 인사업무를 담당했을 때의 일이다. 회사는 주요 설비마다 담당하는 인원을 두 명 이상 확보하기로 했다. 전국의 기능대학 졸업예정자 중에서 면접을 보고 선발해서 신입사원 교육을 거쳐 현업에 배치했다. 2주 정도 지났을 때 이들이 면담을 요청했다. 이런 설비들의 작동 방법을 학교에서 배우고 다뤄보았기 때문에 기본적인 조작은 그들도 가능했다. 문제는 회사에서 사용하는 소재와 생산하는 제품에 따른 대처가 필요한데 선배들이 알려주지 않는다는 것이다.

어떤 사람은 이들이 설비에 접근하는 것을 막기도 했다. 또 어떤 사람은 중요한 내용을 수첩에 적어서 지니고 다니며 자신만 보고 누구에게도 알려주지 않았다. 해당 팀장과 반장들에게 이런 내용을 전달했다. 관리자들이 이들 사원을 모아서 면담까지 했지만, 결과는 허사였다. 자신들이 가진 노하우를 기록으로 남기거나 공개하는 것을 거부했다. 어렵게 채용한 이들은 하나둘 회사를 떠나버리고 말았다. 안타까운 일이었다. 그들이 오랫동안 열정을 가지고 자신만의 노하우를 찾은 것은 분명하다. 하지만 그 노하우가 자신만의 것이라는 착각에 빠진 것이다. 회사에서 쌓은 노하우는 회사의 것이기도 하다.

노하우를 쌓아라. 머릿속과 주머니 속이 아니라 기록으로 쌓아야 한다. 쌓여 있는 노하우는 자산이며 기회와 위기를 대처하는 힘이 된다. 기업이 쌓아놓은 노하우는 비즈니스 환경에서 영역을 확장하고 경쟁을 이길 무기가 될 것이다.

기업의 가치를 높이는 간단한 공식

가지고 있는 것을 누군가에게 나눠주면 자신에게 남은 것은 줄어들기 마련이다. 그런데 기쁨을 나누면 줄어들지 않고 오히려 배가 된다. 나눠준 사람도 기쁘고 나눠 받은 사람도 기쁘기 때문에 기쁨을 누리는 사람이 늘어난다. 씨앗은 땅에 버려졌는데 시간이 지나 수십, 수백 배가 된다. 기쁨도 한 사람에게서 나가면 씨앗이 되어 수백 배가 될 수 있다. 이렇게 열매를 맺을 수 있는 것들은 무엇이 있을까?

기업 비즈니스는 씨앗을 열매로 맺는 과정이다. 원재료에 기술을 더해 품질 좋은 제품으로 태어난다. 소문은 광고가 되어 고객을 모아오고 비용은 투자가 되어 이익을 창출한다.

기업이 많이 남길 수 있는 또 다른 씨앗은 무엇이 있을까? 그 씨앗 중 두 가지를 찾는다면 지식과 노하우이다. 지식은 나누면 더 많은 지식을 만들어낸다. 노하우를 나누면 효율과 품질을 올리고 불필요한 지출을 줄인다. 지식과 노하우를 회사 안에서 나누면 그 열매가 몇 배로 열릴지는 가늠조차 할 수 없다.

지식과 노하우는 활용하기 위해 쌓아야 한다. 한 사람이 활용하면 한 사람의 분량만큼 결실을 보고, 열 사람이 활용하면 그만큼 늘어나게 된다. 지식과 노하우로 많은 결과를 만들기 위해서는 더 많이 나누어야 한다. 지식과 노하우를 나누면 그 안에 담긴 가치를 최대한 높이게 된다. 쌓여만 있는 지식과 노하우 자산은 장식품에 지나지 않는다. 꺼내서 나누면 배로 늘어난 자원이 된다. 늘어나서 많아진 자원을 활용할 때 지식과 노하우가 가진 가치가 빛나게 된다.

지식을 나누자. 유용한 지식을 확보하고 빼곡하게 채워놓았다면 꺼내서 나누어야 한다. 먼저 배워온 사람이 전달교육을 통해 여러 사람이 공유하는 것도 필요하다. 이런 문화가 정착되면 외부 교육에 참석하는 사람은 교육 시간을 허비하지 않는다. 한 사람이 배워 와서 나누면 한 사람이 배워온 지식이 몇 배가 된다. 어렵게 구한 귀한 지식도 나누어야 한다. 논문, 연구 보고서 등을 꺼내 같이 이해하는 시간을 갖는다. 혼자서 안 된다면 여러 사람이 스터디 형식을 갖추어 머리를 맞대면 가장 좋은 방법으로 나누는 것이 된다. 노하우도 나누어야 한다. 노하우는 일반적으로 OJT 방식으로 전달된다. 선배들이 오랜 기간 쌓아온 노하우를 신입사원과 후배들에게 아낌없이 베푸는 문화를 만들어야 한다. 이렇게 나누면 한 사람의 노하우가 아니라 모두의 노하우가 된다.

화장품 원료를 생산하는 K사는 경력이 많은 직원과 젊은 신입사원 간 경험과 노하우에 차이가 컸다. 이 회사는 작업표준을 갖추고 업무에 활용하고 있었는데 작성한 지 오래되고 일부 프로세스는 작성된 내용과 달랐다. 회사는 작업표준을 다시 작성하기로 했다. 현장의 작업자들이 모두 참여했다. 선배들은 경험과 노하우를 내놓고 후배들은 컴퓨터를 이용해 작성하는 역할을 나누어 맡았다. 이 과정에서 선배들은 자신이 가진 경험을 아낌없이 내놓았다. 여러 사람이 가지고 있는 다양한 노하우가 쏟아져 나왔다.

선배들은 직접 시범을 보여주며 사진과 동영상으로 촬영도 했다. 작성과 촬영에 참여하는 과정에서 후배들은 많이 배웠다고 한다. 새롭게 만들어진 작업표준에 경험과 노하우를 생생하게 담아놓았다. 노하우를 나누는 과정이 모범적이다. 작업표준을 다시 작성하기만 하려는 의도가 기대 이상으로 큰 성과를 가져왔다. 자연스럽게 모든 작업자가 노하우를 공유할 수 있었다. 자신의 업무와 상관이 없더라도 다른 사람이 공유해준 노하우로 새로운 아이디어가 나오고 적용 방법을 구체화했다.

지식과 노하우는 혼자만의 것이 아니다. 한 사람이 꼭 쥐고 있으면 하나지만, 내놓으면 여러 개로 늘어난다. 다른 사람이 또 내놓으면 둘이 더해져서 둘 이상의 값어치가 된다. 지식과 노하우는 내놓고 나눌 때 세포가 늘어나는 것처럼 커진다. 좋은 것을 나누면 나누어주는 사람, 받는 사람의 공유물이 된다. 기업이 가지고 있는 지식과 노하우는 나누어 가질 때 가치가 커진다. 움켜쥐고 있으면 작아지고, 꼭꼭 숨겨놓으면 사라진다. 지식과 노하우를 나누자. 나누면 많아지고, 많아지면 강력한 힘을 갖는다.

위대한 기업을 이루는 초석

아이들이 어린 시절 놀이동산에 자주 갔다. 아이들이 타고 싶어 하는 놀이기구 중에는 키 때문에 이용에 제한적인 경우가 있다. 타고 싶지만 키가 조금이라도 못 미치면 입을 삐죽 내밀고 돌아서곤 했다. 큰애는 탈 수 있고 작은애는 안 될 때가 있는데 그러면 이 녀석은 까치발을 들고서라도 타려고 애쓰곤 했다. 어려서는 못 탔는데 웬만큼 크고 나서는 어떤 놀이기구도 아무런 제약이 없이 탈 수 있었다. 정작 키를 재야 하는 일도 없고 못 타게 말리지도 않는데 아이들은 이제 그런 놀이기구에 흥미가 없어졌다. 기준은 아이들에게 긴장감과 흥미를 가늠하는 선이었다.

세상에는 많은 기준이 있다. 만 18세가 넘으면 운전면허를 취득할 수 있고, 이제는 선거에도 참여할 수 있다. 고속도로에서는 시속 100킬로미터 또는 110킬로미터를 초과하면 안 된다. 세금은 정해진 날까지 납부하지 않으면 가산세를 내야 한다. 객관적인 수치로 정해지지 않은 기준도 있다. 음식은 보기에도 좋고 맛도 좋아야 한다. 가수는 노래를 잘해야 하고, 배우는 연기를 잘해야 한다. 제품은 좋아야 하고, 서비스는 만족할 수 있어야 한다. 기준은 선택과 거부를 결정하는 요소이다. 기준을 채우면 안정된 위치에 있을 수 있다. 기준선을 넘지 않으면 불필요한 비용을 지불하지 않아도 된다.

기업에는 여러 기준이 있어야 한다. 신입사원을 채용하는 기준과 업무에 배치하기 위한 자격 기준이 필요하다. 승진 기준과 임금인상 기준이 객관적이고 합리적일 때 불평불만이 없다. 전결 기준을 두어 대표이사의 업무량을 분산하고 관리자들의 업무 책임을 명확히 한다. 조직도와 직무분장표는 개인과 부서 간 업무를 정해주는 기준이 된다. 출퇴근 시간을 명확히 정해서 직원들이 업무 시작부터 끝까지 같이 움직이게 한다.

제품과 서비스를 위한 기준이 중요하다. 기업은 제품과 서비스를 고객에게 판매해서 매출을 올린다. 제품과 서비스가 일정한 기준 없이 생산되고 제공된다면 고객의 만족은 기대할 수 없다. 기업이 일하기 쉬운 기준보다는 고객이 만족할 기준을 설정해야 한다. 제품 생산에 필요한 원재료와 부품은 품질기준에 맞아야 한다. 품질이 충족되지 않은 원재료로 원하는 제품을 만들 수 없다. 성능이 떨어지는 부품으로는 의도한 제품을 생산할 수 없다. 원재료와 부품의 기준은 기업과 고객을 위해 흔들리지 않고 단단한 밑받침이 되어야 한다.

제품의 기준도 명확해야 한다. 성능과 사이즈가 설계한 대로 충족하는지를 판단할 수 있어야 한다. 서비스의 결과가 일정한 수준 이상으로 마무리되었는지도 확인할 수 있어야 한다. 과정에 대한 기준도 필요하다. 설비가 가동되는 속도와 온도가 적정해야 한다. 투입하는 원료의 양이 용량에 맞아야 한다. 대형 호텔과 뷔페식당에서는 조리사의 입맛이 아니라 염도계로 측정해서 간을 일정하게 유지한다.

기준은 문서가 아니라 실천으로 존재한다. 실행으로 옮겨지지 않은 기준은 아무런 의미가 없다. 지키지 않을 약속을 하는 거짓말일 뿐이다. 기업은 고객에게, 그리고 기업 자신에게 지킬 약속을 하고 그 약속을 지켜야 한다. 기준은 흔들리지 않아야 한다. 날마다 기준이 바뀌면 품질을 일정하게 유지할 수 없다. 사람마다 기준이 다르면 회사는 혼란과 언쟁만 넘치게 된다. 기업의 기준이 흔들리면 고객의 판단이 흔들린다. 흔들리는 건물은 무너지고 말 것이다.

> "위대한 기업이 되기 위해서는 가차없이 엄격한 기준을 고수해야 한다."

스탠퍼드 대학교의 경영대학원 교수를 역임한 컨설턴트 짐 콜린스 Jim Collins가 그의 저서 『좋은 기업을 넘어 위대한 기업으로Good to Great』에서 언급한 말이다. 좋은 기업과 위대한 기업을 많이 겪어본 최고의 학자가 기준에 대해 가지고 있는 철학이다. 흔들리지 않는 기준을 만들자. 누구도 어김없이 기준을 지키자. 기준은 적당히 지켜서 될 일이 아니고 엄격하게 지켜야 한다. 엄격하게 설정하고 지키는 기준은 좋은 기업을 위대한 기업으로 만들기 위한 초석이 될 것이다.

상명하복이 중시되는 조직이 많다. 군대가 가장 대표적이고, 경찰과 검찰도 그렇다. 생명과 안전을 지키는 소방 조직도 명령과 지휘체계를 중시한다. 한 방향으로 흐르는 명령과 이를 수행하는 것을 최상으로 여기는 조직들이다. 기업은 어떠한가? 아직도 이런 위계질서를 중요하게 여기는 기업의 리더가 있을까? 애석하게도 있다. 자기 생각만 중요하고 임직원들의 의견은 무시하는 리더가 있다.

어느 기업의 대표이사가 초청해서 부서장들을 대상으로 고객만족을 주제로 강연을 한 적이 있다. 대표이사는 나에게 공손하고 부드럽게 대해주셨다. 따뜻한 분이라는 인상을 받았다. 그런데 강연을 듣기 위해 모인 임직원들의 표정이 무거워 보였다. 강연이 마무리되고 대표이사가 임직원들에게 "고객만족을 위해 좋은 생각이 있으면 말해보라"고 했다. 한 분이 요즘 고객들의 경향과 그에 대한 자기 생각을 말했다. 대표이사는 "그건 엊그제 내가 말한 대로만 하면 되니까 다들 다른 생각하지 않도록 하라"고 언성을 높였다.

답답했다. 고객만족을 위해 고객과 소통하고, 고객의 생각을 회사 내에서 소통해야 한다고 했는데 내가 무슨 이야기를 한 것인지 허무해졌다. 회사 내에서 소통이 안 되면 가장 힘든 사람은 리더라는 사실을 모르고 있는 것 같다. 직원들에게 생각과 아이디어를 구하면 의사결정이 수월해지고 실행에 옮기기도 좋을 텐데 모든 짐을 혼자 지려는 고집이다. 소통은 양방향이다. 자기 뜻을 확고하게 전하는 것만 소통이라고 오해해서는 안 된다. 윗사람이 생각을 일방적으로 지시하고 강요하는 모습은 소통이 아니다. 아랫사람이 자신의 요구만 제시하는 것 또한 소통이 아니다. 기업의 리더는 소통의 통로를 열어두어야 한다.

> "내가 무슨 말을 했느냐가 중요한 게 아니라 상대방이 무슨 말을 들었느냐가 중요하다."

현대 경영학을 창시한 학자로 평가받는 피터 드러커가 했던 말이다. 소통은 대화로 이루어진다. 대화對話는 말을 주고받는 것이다. 사람들을 모아놓고 혼자서만 떠드는 것은 대화가 아니고 소통이 될 수도 없다. 서로의 생각을 주고받는 것, 상대방의 입장을 서로 이해하는 것이 소통이다. 대화는 서로 뜻이 통하는 것이다. 진정한 소통은 행동으로 이어져야 한다. 서로 의견을 주고받는 것에서 그치면 소통이 완성되지 않는다. 상대방의 입장을 이해하고 가장 좋은 길을 같이 찾아갈 때 소통이 이루어졌다고 할 수 있다.

소통이 막히면 아이디어가 막히고, 아이디어가 막히면 혁신이 막힌다. 리더의 입장에서 소통은 임직원으로부터 아이디어를 구하는 도구이다. 직원들과 통로가 막혀 있으면 좋은 의견이 올라올 수 없다. 혁신을 위한 아이디어가 막히고 실행이 더디게 되므로 더 나은 방향으로 나아갈 수 없다. 소통은 혁신과 개선으로 이어져야 한다.

"기업 경영의 과거형은 관리이다. 경영의 현재형은 소통이다. 경영의 미래형 역시 소통이다."

마쓰시타 전기산업을 경영한 일본의 대표적인 기업인 마쓰시타 고노스케의 말이다. 소통은 미래를 위해 필요하다. 지금까지 막혀 있던 것을 뚫지 않고는 미래를 열 수 없다. 뚫리기 전까지는 현재에서 머물러야 한다. 소통은 막힌 현재와 과거의 자물쇠를 풀어 미래로 나아가도록 열어주는 열쇠가 된다.

2부

CHECKING + ACTION CODE

6장
5단계
: 새로운 경영 패러다임에 진입하라

 기업은 목표를 달성하기 위해 계획과 전략을 세워 실행한다. 모든 실행은 목표 달성과 기업 성장이라는 목적을 위해서다. 기업은 프로세스를 실행하고, 사람을 채용해서 키워간다. 실행을 통해 지식과 노하우를 쌓고 나누어 흔들리지 않는 기업으로 단단하게 서게 된다.

 PDCA는 한 사이클이 아니고 무한히 반복되는 사이클이다. 자동차는 연료를 태워 계속 굴러간다. 기업의 프로세스를 멈추지 않게 하는 연료가 있어야 한다. 실행을 멈추지 않게 하는 실행, 실행을 뛰어넘어 연료가 되는 실행이 필요하다.

 기업 성장의 기반이 되는 프로세스를 실행해야 한다. 실행이 실행을 낳고, 실행이 실행을 돋보이게 한다. 실행은 개선이 되고, 실행은 새로운 목표를 낳는다. 놓치기 쉬운 실행을 돌아보고 기업이 성장하는 기반을 확고하게 닦아야 할 것이다. 프로세스 실행이 빛을 발할 수 있는 기반에 대해 살펴보자.

문서 없는 기업에 역사는 없다

인류가 사용하는 문자는 위대한 발명이다. 한글은 세계의 모든 문자 중에서 가장 늦게 발명되었지만 가장 과학적이며 배우고 익히기 쉽다. 한글은 어떤 소리, 어떤 감정도 표현할 수 있는 훌륭한 문자이다. 한글을 남겨주신 세종대왕과 집현전 학자들을 다른 누구보다 나는 존경한다. 글자의 가치를 올려주는 종이 또한 역사가 오래되었고 그 우수성이 변하지 않고 있다. 고대 이집트인들은 파피루스를 얇게 펴서 종이로 사용했다. 중국 한나라 시대 채륜은 꾸지나무를 주원료로 한 종이를 발명했다. 이 종이가 지금까지 인류가 사용하고 있는 종이 종류이다.

종이와 문자가 만나면 문서가 된다. 문서는 모든 나라, 모든 영역에서 유용하게 사용되고 있다. 국가, 기관, 군대, 학교 등의 조직은 물론이고 기업에서 많은 역할을 담당하고 있다. 기업에는 많은 문서가 있고 용도와 종류에 따른 체계가 있다. 규모가 있고 사업 연혁이 오래된 기업은 문서 체계를 잘 갖추고 있다.

여러 기업을 방문해보면 문서를 작성하고 결재하는 체계가 잘 갖추어진 기업과 그렇지 않은 기업을 볼 수 있다. 문서 체계가 잘 갖추어진 기업은 업무 처리가 매끄럽다. 담당자, 검토자, 승인권자가 제 역할을 담당하고, 보고와 조치가 물 흐르듯 이루어진다. 문서와 결재 체계가 갖추어져 있지 않은 회사는 업무 처리가 혼란스럽다. 지시와 보고가 말로만 오고 가기 때문에 시간이 지나면 잊히고 의미가 흐려진다. 나중에 어떤 결과가 나오더라도 책임소재가 명확하지 않고 어떻게 대처해야 할지 판단을 내리지 못하게 된다.

문서는 역사가 된다. 이전에 있었던 성공과 오류를 다시 돌아볼 수 있다. 과오를 반성해서 다시 되풀이하지 않고, 장점을 살려 다시 한번 성과를 낼 수 있다. 문서가 없이 말로만 이루어진 결과는 시간이 지날수록 기억에서 사라지고 말 것이다.

문서 시스템을 갖추도록 하자. 문서 시스템은 전달하고자 하는 내용을 종이에 문자로 기록한 것만을 의미하지는 않는다. IT 기술이 발전한 시대에 종이만 고집하는 것은 효율을 떨어뜨릴 수 있다. 인트라넷을 구축하고 네트워크를 연결해서 조직 전체가 하나의 장에서 문서를 남길 수 있다. 클라우드 서비스나 블록체인에 저장하고 열어서 활용하는 것도 가능하다. 시간이 흐를수록 이런 매체가 종이 문서를 대체해나갈 것이 확실하다. 기업과 비즈니스가 오래도록 지속하기를 바란다면 문서 시스템을 조기에 구축하는 것이 유리하다.

문서의 권위를 인정해야 한다. 문서는 종이 한 장이 아니다. 승인된 문서는 실행을 허락하고 결과를 받아들이는 효과가 있다. 기안문에 최종 결정권자가 서명하면 조직은 그에 따라 실행해야 한다. 그냥 종이가 아니다. 결과 보고서를 최종 책임자가 승인하면 업무가 마무리

된다. 결과에 대해 승인이 없다면 아직 진행 중이다. 끊고 맺음이 없게 되는 것이다.

첫 직장에서 있었던 일이다. 어느 팀에서 기획안을 작성해서 본부장의 최종 결재를 받은 후 일을 착수했다. 업무가 중간 정도 진행되고 있는데 본부장이 팀장을 불러 책상을 내리치며 화를 낸다. 도대체 누가 일을 그렇게 하라고 했냐는 것이다. 팀장은 분명히 본부장에게 보고하고 승인을 받아서 하는 것이라고 말했다. 나중에는 본부장이 승인한 문서를 보여줬다. 할 말이 없어진 본부장의 대답이 본부 전체를 허탈하게 만들었다. "이 서명은 문서를 보았다는 확인이지 그대로 하라는 승인이 아니었다."

이런 본부장에게 누가 문서로 승인받고, 승인받은 그대로 업무를 할 수 있겠는가? 최종 책임자가 문서의 권위를 인정하지 않는다면 조직 내에서 작성하고 승인한 문서는 그냥 종이에 불과할 뿐이다. 문서는 곧 책임이다. 문서 시스템은 조직의 프로세스를 흔들림 없이 움직이게 하는 기반이다. 문서 시스템은 기안문의 형식만 의미하는 것이 아니라, 결재라인에 책임감을 더한다.

문서만을 고집하면 효율이 떨어진다는 오해도 있다. 결재를 받기 위해 문 앞에서 대기하고, 상급자가 자리에 올 때까지 기다리는 비효율을 없애면 된다. 인트라넷, 클라우드 시스템을 이용해서 시간과 장소에 구애를 받지 않으면 될 일이다. 컴퓨터가 없으면 항상 휴대하는 스마트폰으로 처리하면 된다. 다가오는 시대를 대비하는 문서 시스템도 받아들여야 한다. 문서로 일한다. 문서는 곧 권위이고 역사이다. 문서 시스템은 권위와 역사를 지탱하는 기둥이다.

기록이 기회를 만든다

우리나라에는 전 세계가 인정하는 위대한 기록 유산이 있다. 조선의 제1대 왕 태조부터 제25대 왕 철종에 이르기까지 25대 472년간의 역사를 기록한 역사서『조선왕조실록』을 들 수 있다. 조선 왕실의 행사 모습을 그림과 글로 남긴 의궤도 세계에 자랑할 수 있는 기록물이다. 기록은 시간이 지나면 역사가 된다. 좋은 내용을 담았든 아픈 과거를 담았든 모두가 역사의 한 부분이다. 자랑스러운 역사는 후대 사람들이 자긍심을 가지고 돌아볼 수 있다. 가슴 아프고 괴로웠던 역사는 다시 되풀이하지 않기 위해 대비할 수 있도록 경각심을 준다.

기업이 쓰는 기록도 역사가 된다. 업무 프로세스를 수행한 결과를 빠짐없이 있는 그대로 남기면 예전에 있었던 일을 다시 돌아볼 수 있다. 기록은 기업이 원하는 대로 실행을 했는지, 예상한 대로 결과가 나왔는지, 오류와 실수에 대한 조치를 어떻게 했는지 알 수 있다. 우리가 역사를 돌아보는 이유는 온고지신溫故知新에 있다. 옛것을 익히고 새로운 것을 알아낸다는 뜻이다. 지난 일을 잘 살펴서 다가오는 시대는 실패하지 않도록 대비하는 것이다. 기업이 기록역사를 남기는 이유는 지난날을 되돌아보고 더 나은 미래를 열기 위해서다.

기록은 개선을 위한 역사가 되어야 한다. 실수를 감추기 위한 왜곡이 담기면 안 된다. 진실과 함께 의미가 담긴 기록이어야 한다. 시간이 지나서 다시 보았을 때 당시의 일을 알 수 있어야 한다. 지혜와 실수가 모두 담겨 있을 때 개선의 도구가 될 수 있다. 어떤 일이 어떻게 이루어졌는지를 사실대로 기록하면 개선의 기회가 생긴다. 좋았던 기억과 성공적으로 마무리된 일이 어떤 과정을 거쳤는지, 어떤 결과를 가져왔는지를 있는 그대로 남겨야 한다. 실수와 실패가 있었다면 어디에서 문제가 있었는지, 그 실패가 어떤 결과를 초래했는지를 기록해야 한다. 후속 조치는 어떻게 이루어졌는지 알 수 있는 기록도 필요하다.

문제를 해결하고, 더 나은 프로세스가 필요할 때 과거의 성공과 실패가 개선의 기회를 가져다줄 것이다. 성공의 과정을 되풀이할 수 있고 다른 성공 사례를 추가해 더 발전시킬 수 있다. 실패와 오류를 보완할 때 과거의 성공에서 해답을 찾을 수 있고, 한 번 실패한 길을 다시 가지 않도록 막아줄 수 있다. 기록은 개선을 위한 역사가 되어야 한다.

문서 시스템을 갖추듯이 기록 시스템도 갖추어야 한다. 기록이 필요한 업무와 담당자가 명확해야 한다. 기록해야 할 내용과 언제 기록해야 할지도 정해서 어김이 없어야 할 것이다. 문서 시스템을 위해 도입한 클라우드 서비스나 인트라넷 등을 기록 관리에도 사용할 수 있다. 시간이 지나도 훼손되지 않고 안정되게 보관할 수 있다. 언제, 어느 곳에서도 기록하고 필요한 내용을 찾아볼 수 있다. 무엇보다 기록을 공유할 수 있는 장점이 크다.

대기업을 퇴사하고 시간이 지나 중소기업에 입사했을 때 일이다. 회사에는 문서보다는 말로 보고하고 승인하는 일이 비일비재했다. 일의 과정과 결과가 담긴 기록도 거의 없었다. 엑셀을 이용해 양식을 만들어 사용하기 시작했다. 다른 직원들의 업무에 필요한 양식도 만들어주며 기록을 독려했다. 처음에는 잘 진행되다가 시간이 지나고 새로운 인원이 늘어나자 삐걱대기 시작했다.

중요한 기록을 위한 인트라넷을 제안했다. 전문가와 함께 회의하고 회사에 맞는 시스템을 만들었다. 테스트와 수정을 거쳐 시스템을 완성했다. 그 안에는 인사, 회계, 견적, 발주, 계약, 재고, 품질, 생산, 출하에 관한 모든 부문을 담았다. 하나의 정보를 여러 업무에서 활용할 수 있도록 발전시켰다. 처음에는 의도를 이해하지 못하고 머뭇거리던 직원들이 기록 시스템을 잘 활용하고 더 개선하기 위한 의견을 내며 발전시키고 있다.

기록은 하기 싫은 숙제처럼 억지로 하는 시간 낭비가 아니다. 기록은 과정과 열정이 담긴 역사이다. 역사는 흘러가버린 과거가 아니라 미래를 밝혀주는 등대가 된다. 미래를 여는 지혜를 기록으로 남긴 역사에서 찾을 수 있다. 오늘 남긴 기록은 기업의 미래를 위한 준비 과정이 되어야 한다. 사실을 담고 과정이 드러나야 한다. 다시 돌아보았을 때 기회를 만들 수 있는 희망을 담아야 한다.

혼자서 크는 기업은 없다

혼자 크는 나무는 없다. 때에 따라 비가 내려야 뿌리로 물을 빨아들여 가지와 잎에 수분을 공급할 수 있다. 제때 물을 충분히 공급받아야 말라 죽지 않는다. 잎은 햇빛을 받아 광합성을 하고, 광합성으로 생성한 영양분을 줄기에 공급한다. 광합성을 위해 잎은 공기 중에 있는 이산화탄소를 받아들인다. 나무에 꽃이 피면 벌과 나비가 모여들어 꽃가루를 옮긴다. 꽃이 지면 열매가 맺히고 그 안에서 씨앗이 자란다. 바람은 열매를 흔들어서 떨어뜨린다. 동물들은 씨앗을 옮겨 다른 장소에서 새로운 생명이 시작되게 한다. 나무는 자연의 도움 없이 홀로 성장하지 못하고, 곤충과 동물의 도움이 없다면 혼자서 번식할 수 없다.

기업도 혼자 성장할 수 없다. 주변에서 도움을 많이 받으며 성장한다. 어떤 기업도 다른 기업의 협력 없이 비즈니스를 수행하지 못한다. 기업이 기회를 살리고 성장하려면 협력관계가 꼭 필요하다. 좋은 파트너를 만나고, 스스로 좋은 파트너가 되어야 한다. 원재료부터 완제품 생산까지 모든 과정을 기업이 스스로 해낼 수는 없다. 품질 좋은 원료와 부품을 공급받아서 생산을 시작한다. 특수한 가공은 전문 기업에 맡겨 처리하고 있다. 서비스를 제공하는 기업도 처음부터 끝까지 홀로 다 해낼 수는 없다. 청소 서비스를 위해 좋은 세제와 잘 닦이는 청소도구를 선정하고 공급받아야 한다. 병원도 의약품과 의료기구를 전문 기업으로부터 구매하고 있다. 택배 기업은 택배기사들과 파트너 관계를 맺고 있다.

좋은 파트너를 찾아야 한다. 좋은 파트너는 비용, 품질, 납기, 서비스를 모두 고려해서 선정한다. 심사와 컨설팅을 위해 방문한 많은 기업이 비용을 가장 우선순위에 두고 선정하고 있었다. 품질과 납기 문제를 등한시하고 나중에 어려움이나 혼란을 겪는 경우를 볼 수 있다. 비용도 중요하지만, 우리 회사의 고객만족에 가장 적합한 파트너와 함께해야 한다.

T사는 창업한 지 2년 정도 되는 기업이다. 초기 비용이 많이 들어 지출을 아낄 필요가 있었다. 대기업으로부터 설비를 주문받아 제작해서 설치하는 사업을 하므로 주요 부품을 외부에서 구매하고 있다. 주문 제작이라서 대량구매를 하지 않고 필요할 때마다 사들이는 상황이다. 대표이사는 주변 지인으로부터 공급업체를 소개받았다. '값이 싸다'는 이유로 선정했다. 소개받은 회사에 대해 알고 있는 직원이 문제를 제기했지만 받아들여지지 않았다.

두 번째 설비를 납품하고 3개월 후부터 잦은 고장이 발생해 우려하던 대로 고객사에서 클레임이 들어오기 시작했다. 더 큰 문제는 부품을 공급한 회사에서 원인 파악과 해결을 위한 대처가 부실했다는 것이다. 결국에는 설계를 변경하고 새로운 거래처에서 부품을 공급받아 해결했다. 아픈 경험뿐만 아니라 고객사의 손해까지 배상하는 비싼 수업료가 발생했다.

좋은 파트너 관계는 돈으로만 따질 수 없다. 비용이 싸다는 것이 모든 것을 덮을 수 있는 이유가 아니다. 품질이 우수하고 기한 내에 납품할 능력이 있는 기업을 선정해야 한다. 문제가 생겼을 때 해결할 수 있는 능력과 의지가 있는 기업이 좋은 파트너가 될 수 있다. 고객은 파트너를 이해하지 않는다. 파트너의 실수까지 선정을 잘못한 기업이 책임져야 한다. 파트너가 잘못한 일이라는 핑계를 이해해주는 고객은 없다. 파트너의 문제가 곧 기업의 문제가 된다.

파트너 관계는 상호 이익이다. 갑과 을의 위치를 강요하면 좋은 파트너 관계를 유지할 수 없다. 갑의 이익을 위해 을의 희생만 강조하는 관계는 오래 유지되지 못하고, 좋은 결과를 낼 수도 없다. 상하 관계가 아니라 동등한 파트너 관계를 만들어 상대방을 인정해야 한다. 협력관계는 서로를 존중하고 이해하는 것에서 시작한다. 기업의 성장을 위한 협력자로 인정하는 자세가 필요하다. 일부 대기업이 협력회사의 기술을 탈취하고 공급가를 후려치며 군림하는 자세는 서로 존중하는 협력자 관계가 아니다. 서로의 도움으로 같이 성장하려는 동반자 관계를 만들고 이어가야 한다.

중국 격언에 '일인불과이인지一人不過二人智'라 했다. 한 사람으로는 두 사람의 지혜를 넘을 수 없다는 뜻이다. 기업은 홀로 성장할 수 없다. 기업이 가지지 못한 전문성을 다른 기업에 의존하며 발전해야 한다. 나무는 혼자 클 수 없고 기업은 홀로 성장할 수 없다. 좋은 협력관계를 튼튼하게 만들도록 하자. 비와 바람이 나무를 키우듯 기업의 성장을 함께할 동반자가 되어줄 것이다.

누구와 상생할 것인가

어떤 사람도 시험과 무관하게 살지 못한다. 초등학교에 입학한 순간부터 성인이 되어 사회생활을 하는 동안에도 많은 시험을 치른다. 시험을 치러서 학교에 입학하고, 시험에 합격해야 직장에 취업한다. 시험을 거쳐야 원하는 바를 얻고 더 높은 지위에 오를 수 있다. 운전면허를 따려고 해도 이론과 실기 시험을 거친다. 운전면허뿐만 아니라 자격을 인정받기 위해서는 시험과 테스트를 통과해야 한다. 직장에서 승진하기 위해서는 수년간 업무를 수행한 실적을 평가받는다. 남녀가 결혼하기 위해서는 서로에게 마음을 얻어야 하고, 양가 부모님의 기준도 충족해야 한다. 기업은 소비자의 눈높이에 맞아야 제품을 팔 수 있다.

기업과 기업의 협력관계는 서로가 상대방이 원하는 조건을 충족했을 때 유지된다. 품질도 형편없고 가격도 비싼데 선한 마음에 구매해주는 기업은 없다. 납기도 들쑥날쑥하고 사후조치도 엉망이라면 더 말할 것도 없다. 협력관계는 공급능력과 믿음을 바탕으로 지속한다. 공급능력이 있는 기업을 찾아내는 것이 먼저다. ISO 9001 품질경영 시스템에서는 기업이 원하는 제품이나 서비스를 공급할 수 있는 능력을 평가해서 선정할 것을 요구하고 있다. 명성이나 기업의 규모만으로 선정해서는 안 된다는 것이다.

품질을 평가하는 것이 가장 먼저다. 원자재의 품질이 회사가 원하는 수준이 되는지를 반드시 확인해야 한다. 어떤 조건보다 품질을 충족하는 협력관계가 가장 중요하다. 원하는 품질의 제품을 안정적으로 지속해서 생산할 설비를 갖추고 있는지도 확인해야 한다. 설비 관리는 어떻게 하고 고장이 자주 발생하지는 않는지, 고장이 났을 때 복구 시간이 얼마나 걸리는지 확인한다. 생산에 차질을 주는 문제가 생겼을지라도 약속된 물량과 시간을 지킬 수 있는 능력을 확인한다. 이른바 '사업 연속성' 능력을 확인하는 기업이 늘고 있다.

납품가를 확인해야 한다. 가격이 너무 높으면 거래하기 힘들다. 이해할 수 있는 이유 없이 터무니없이 낮은 가격도 경계해야 한다. 합리적인 가격으로 가장 좋은 원자재를 구매할 것을 강조했던 점을 상기하도록 하자. 납기도 중요하다. 발주한 물건을 수령할 수 있는 기간이 너무 늦어지면 기업의 생산 프로세스에 장애를 주기 때문이다. 긴급하게 발주했을 때 대응할 수 있는지도 확인해야 한다. 클레임이 발생했을 때 조치하는 프로세스도 확인한다. 경험상 절대 문제될 일이 없다고 자신하는 기업은 경계해야 한다. 예상하지 못하는 일은 언제든 발생할 수 있기 때문에 접수하고 조치하는 처리 프로세스를 꼭 확인해야 한다.

예전에 근무했던 기업에서 있었던 일이다. 어느 날 대표이사가 부품을 공급하는 업체를 바꾼다고 일방적으로 결정했다. 지인이 소개해준 기업에서 가격을 더 낮게 해주겠다는 제안을 혼자서 받아들인 것이다. 영세한 업체가 경영이 어려워지자 새로운 거래처를 찾고 있었다. 품질과 납기를 확인한 후에 결정하자고 건의했다. 소개해준 사람이 틀림없는 회사라고 했으니 필요가 없단다.

물러서지 않고 샘플을 시험해서 품질을 확인하겠다는 승낙을 받았다. 해당 업체에 샘플을 요청해서 받았다. 전문 시험기관에서 검사했더니 몇몇 성분의 함유율이 낮고 인장강도가 기준에 미치지 못했다. 대표이사에게 보고하고 해당 기업에 확인을 요청했다. 자신들은 한 번도 시험기관 검사를 받아본 적이 없다고 했다. 어느 대학교 아무개 교수도 인정하는 실력이기 때문에 검사해볼 필요가 없고, 우리 회사가 검사해본 행위가 기분이 나쁘다는 반응이었다.

해당 기업에 방문해서 설비와 프로세스를 확인하겠다고 했더니 방문을 거부했다. 일방적으로 다시 샘플을 보내왔다. 샘플 검사를 일단 의뢰하고 방문 여부를 가지고 며칠간 계속 씨름했다. 다시 받아본 시험 결과는 인장강도가 너무 높고 성분별 함유율에 또 문제가 있었다. 결국 이 업체와의 거래는 없던 일이 되었다. 지금도 샘플을 검사하지 않았다면 어떤 일이 일어났을지 모를 일이다. 더구나 품질과 납기를 안정되게 유지할 수 있었을지 절대 확신할 수 없다. 이렇게 관리하는 기업이라면 납기도 믿을 수 없다.

파트너 평가는 믿음이다. 의심하기 때문에 평가하는 것이 아니다. 협력업체를 평가하는 목적이 거래를 끊기 위해서도 아니다. 평가를 통해 파트너의 문제점을 보완하고 서로 발전할 수 있는 발판을 마련할 수 있다. 확신과 성장이라는 두 마리 토끼를 잡는 도구가 된다. 파트너 기업은 인정(人情)으로 선택하면 안 된다. 거래 관계를 쌓아온 정으로 지속하는 것도 금물이다. 평가하고 확인해서 협력관계를 시작하고 유지해야 한다. 평가는 확신이고 성장의 발판이 된다.

우리가 알던 과자 맛이 달라진 이유

텔레비전이나 인터넷 매체에는 하루에도 셀 수 없을 만큼 많은 광고가 노출된다. 유명한 연예인을 모델로 내세워 사람들에게 호감을 얻고자 한다. 한 번만 들어도 머릿속에 기억될 멘트 하나를 강조하거나 인상적인 장면을 획기적으로 연출한 영상이 넘쳐난다. 광고에는 제품과 서비스의 판매를 계속 이어가고자 하는 의도가 있다. 새로운 상품을 출시한 초기에 고객들에게 알리고 선택을 받기 위한 홍보가 더 적극적이다. 신제품에 대해 고객이 좋아하는 제품, 원하는 기능을 담았다는 기업의 입장을 광고에 담고 있다. 어느 기업 어느 상품이든 고객의 생각과 어긋나는 제품을 광고에 내세우지 않는다.

기업이 비즈니스를 처음 시작할 때부터 판매해온 제품만으로 10년, 20년을 이어갈 수는 없다. 시대 흐름이 바뀌면서 고객이 바뀐다. 사람들의 취향과 생각이 변하기 때문에 제품과 서비스에 변화를 주어야 한다. 세대를 뛰어넘으며 사랑받는 제품과 서비스가 있지만, 자세히 들여다보면 이름만 그대로일 뿐 절대 변하지 않은 상품은 없다.

어렸을 때부터 먹었던 과자가 아직도 팔리는 경우가 있다. 어린아이들의 입맛에 맞게 조금씩 변한 것을 느낄 수 있다. 우리 세대가 어렸을 때 좋아한 맛과 지금 아이들이 즐겨 찾는 과자 맛은 다를 수밖에 없다. 고객의 입맛이 과자 맛을 바꿔놓았다. 신제품, 새로운 서비스는 고객을 위해 개발하는 것이다. 기업이 자기만족만 바라고 개발한 제품은 없다. 사회 공헌을 위해 이익을 바라지 않고 출시한 상품이라도 구매하는 고객의 의견을 완전히 무시하지 못한다. 어떤 기업도 고객을 생각하지 않은 제품을 개발하지 않는다.

연구개발에서 가장 먼저 검토해야 할 대상은 고객이다. 새로운 제품과 서비스는 고객의 요구와 기대를 뛰어넘어야 한다. 고객의 생각을 파악하지 않고 기업이 일방적으로 진행하는 개발은 바람직하지 않다. 고객의 요구를 무시하는 개발은 더더욱 인정받을 수 없다. 상품 개발은 고객이 주도한다. 좋은 제품, 좋은 서비스는 고객의 생각과 요구에 바탕을 둔다. 상품을 기획할 때 고객 의견을 반영하고 실현하기 위해 노력해야 한다. 세상에 없던 새로운 시장을 만드는 영향력도 고객이 없이는 불가능하다. 고객이 외면하고, 이해하지 못하면 노력과 투자는 물거품이 되고 만다.

개발에 앞서 고객의 생각을 확인하는 과정이 있어야 한다. 많은 고객을 한 사람 한 사람 만나서 직접 듣는 방법이 가장 좋다. B2B 기업이라면 어렵지 않다. B2C 기업은 이 방법으로 고객을 만나는 일이 쉽지 않기 때문에 대체할 방법을 사용한다. 고객을 가장 가까이에서 만나는 매장 직원이나 영업사원의 의견을 듣는다. AS접수와 조치를 하는 직원들의 의견도 들어야 한다. 경영진과 개발 담당자들만 참여해서 결정하는 것은 위험하다.

O사는 사무용 가구를 제조하는 기업이다. 신제품 개발을 위한 기획 프로세스를 확인했다. 전시회에 나온 유명 기업의 제품을 참고해서 디자인 부서와 생산 부서가 결정하고 대표이사가 최종 승인한다고 한다. 고객의 의견은 어떻게 듣는지를 물었더니 특별히 검토하지

않는다고 했다. 고객이 원하는 기능과 디자인을 알아보고 개발에 반영할 필요가 있지 않으냐는 질문에는 공감한다고 했다. 다른 기업 제품이 아무리 좋더라도 참고할 수는 있지만, 고객을 먼저 고려하는 것이 맞지 않느냐는 질문에도 공감했다. 이후 이 회사는 대리점, AS 부서까지 참여하는 기획 프로세스를 도입했다.

대기업이나 경쟁사 제품을 복제하면 위험은 덜할 수 있지만, 기업의 성장은 기대할 수 없다. 매출과 역량을 동시에 키워나가기 위해서는 늘 새로운 제품과 서비스를 고민해야 한다. 더는 새로운 것을 내놓지 못하는 기업은 생명을 다한 것이다. 고객이 원하고, 고객이 만족하는 새로움을 끊임없이 고민하고 내놓아야 할 것이다.

고객을 생각하지 않은 상품의 개발은 기업에 아무런 도움이 되지 않는다. 아무도 예상하지 못한 새로운 시장을 만드는 일도 결국은 고객을 위한 일이어야 한다. 기업이 가진 모든 지식과 능력을 고객의 기대와 요구를 충족하는 개발에 쏟아부어야 한다. 개발은 비밀스러운 과정을 고객 옆에 앉아서 대화하며 완성하는 과정이라는 사실을 명심해야 한다.

리더십 비즈니스 코드 11 회사는 놀이터

휴일에 집에 있으면 아파트 놀이터에서 아이들이 뛰어노는 소리가 들린다. 친구를 부르는 소리, 가위바위보 하는 소리, 웃음소리가 가득하다.

아이들은 쉽게 친해지고 누구라도 잘 어울려 논다. 같이 놀아야 더 재미있다는 것을 가르쳐주지 않아도 알고 있다. 먼저 나와서 놀고 있는 무리에 아무렇지 않게 끼어들어도 자연스럽게 놀이는 계속된다. 재미도 늘어난다.

회사에 출근하면 어떤 재미를 느끼며 놀까? 회사에 놀이기구가 있는 것도 아니고, 노는 시간이 주어지는 것도 아니다. 할 일을 미루고 놀고 있는 모습을 흐뭇하게 바라볼 리더는 없다. '놀 줄 아는' 인재를 찾았던 대표이사는 그럼 잘못 생각하고 있는 것인가? 회사 일에 재미를 느끼고 더 적극적으로 일하는 사람을 나무랄 수는 없다. 기업은 즐겁게 일해서 성과를 올리고, 원하는 목표를 달성해서 즐거움이 더하는 사람을 찾는다.

회사는 놀이터가 되어야 한다. 혼자 놀기 딱 좋은 방구석이 아니라 다같이 놀기에 충분한 놀이터, 누가 끼어들어 같이 놀자고 해도 아무도 밀어내지 않는 놀이터 말이다. 회사는 혼자 일하는 곳이 아닌 함께하는 곳이다. 함께 일하며 더 큰 결과를 만들면 재미는 배가 될 것이다. 재미가 거듭되면 성과가 더해지는 선순환이 일어난다.

같이 놀자. 다가오는 사람 밀어내지 말고 멀어지는 사람 끌어당겨 같이 해보자. 리더는 사람을 끌어들이고 같이 놀 수 있는 장을 만들어주는 사람이다. 함께 노는 것은 누구나 참여하는 것이다. 소통은 참여로 열매를 맺는다. 리더는 전 직원이 소통에 참여할 수 있는 재미를 제공해야 한다.

어떤 일에 참여하는 것을 보장해야 할까? 아이디어와 생각을 내는 일에 참여할 수 있어야 한다. 누구나 생각을 자유롭게 제시하고 아이디어를 모아서 가장 좋은 해결책을 찾아가는 브레인스토밍Brainstorming이 한

가지 방법이 될 수 있다. 이때에는 누구도 다른 사람의 말을 방해하거나 평을 하지 않는 것이 중요하다. 참여가 보장될 때 아이디어가 넘치고 더 좋은 개선과 혁신의 방법을 찾을 수 있다. 리더는 의사결정 과정에 임직원들이 참여할 수 있게 해주어야 한다. 임직원이 참여하는 것을 막고 리더가 혼자서 모든 것을 결정하는 것은 독단이다. 독단은 아이디어가 한정되고 실행에 옮기기에는 매우 어렵다.

> "가능한 말단에 있는 사람들까지 의사결정에 참여하게 하면 더 나은 결과를 얻을 수 있다. 게다가 구성원 개개인의 발전 속도도 더 빨라지고 맡은 일에 열의를 갖고 더 효율적으로 움직인다."

심리학자이자 경영학자로서 MIT 대학 경영학부 교수를 역임한 더글러스 맥그리거Douglas McGregor 교수가 남긴 말이다. 의사결정에 참여하면 좋은 결과를 얻는 것은 당연하다. 거기에 더해 임직원들의 발전 속도가 빨라진다. 업무에 효율이 오르니 일석삼조이다.

참여는 실행으로 완성된다. 리더는 임직원들이 아이디어를 실행에 옮기는 일에 참여하도록 보장하고 독려해야 한다. 아무리 좋은 아이디어도 실행에 옮기지 않으면 그림 속에 있는 떡이다. 뒷짐지는 사람 없이 실행에 참여할 때 개선과 혁신은 더 빛난다. 참여는 '모두' 할 수 있어야 한다. 꽁무니를 빼는 사람도 없고 밀려나는 사람도 없어야 한다. 모두 함께하면 일이 수월하고, 수월하게 마무리되니 재미를 다 같이 느낀다. 회사는 모두가 참여하는 놀이터이다. 누구라도 놀 수 있어야 하고, 다 같이 재미를 맛보아야 한다. 재미있는 일은 계속될 것이고, 재미는 더할 것이다.

가치에 이름표를 붙여라

일제 강점기 조선어학회가 한글사전을 편찬하기 위한 활동을 다룬 영화 〈말모이〉를 본 적이 있다. 전국 팔도에서 모인 선생님들이 표준어를 정하는 회의를 하는데 하나의 대상에 대해 지역마다 부르는 표현이 제각각이다. 사물, 모양, 소리에 대해 표준어를 정하는 과정이다. 이때 정해진 말이 우리나라 최초의 한글사전인『조선말 큰 사전』에 올랐다.

모든 동물과 식물은 자기 이름이 있다. 사물들도 이름을 가지고 있고 눈에 보이지 않는 개념들도 이름을 가지고 있다. '철학', '과학', '이론'이라는 이름을 가지고 있다. 사람들도 이름을 가지고 있다. 내 이름은 오정훈. 세상 모든 사람이 내 이름을 알지는 못한다. 내 이름을 알릴 방법은 내가 그들에게 이름을 소개했을 때다. 만나는 모든 사람을 붙들고 알려줄 수 없을 때는 이름표를 달면 된다. 내 이름 석 자를 똑똑히 보고 알 수 있다. 병원의 병실 앞에 입원한 환자 이름을 적어놓는다.

식물원에는 나무와 꽃에 이름, 자생지, 개화 시기 등을 관람객들이 알 수 있게 적어두었다. 관공서의 사무실 앞에는 책상 배치도에 이름과 업무를 적어놓아서 방문자가 일을 보기 쉽게 배려하고 있다. 기업들도 여러 곳에 이름표를 붙인다. 입구에는 회사 명판을 걸거나 이름을 크게 새긴 돌을 세워놓는다. 건물 이름, 사무실 이름, 팀명, 책상 주인 이름이 있다. 상자에는 제품명과 생산한 날짜를 기록해서 창고에 보관한다.

ISO 9001 품질경영시스템에서는 '식별'을 요구하는 내용이 있다. 식별은 어떤 상태와 상황인지 알 수 있도록 대상물에 표시하는 것이다. 프로세스의 진행 현황, 보관하고 있는 물품이 무엇이고 어떤 상황에 있는지를 알아볼 수 있도록 기록하는 것이다. 식별의 가장 큰 목적은 대상물을 한눈에 알아보게 하는 것이다. 문서와 기록물 파일에 제목, 담당자, 부서, 작성연도를 보이는 면에 써놓으면 누구나 찾기 쉽고 관리하기 편리하다.

설비에는 설비명과 담당자를 기록한다. 상자에 들어 있는 제품과 원재료, 부품 이름을 적어놓으면 취급하는 사람이 쉽게 알 수 있다. 굳이 상자를 열어보지 않아도 된다. 이때에는 상자에 적혀 있는 기록과 내용물이 일치하도록 철저히 관리해야 한다. 식별은 업무 혼란을 예방하는 기능이 있다. 생산설비에 점검 주기를 적어놓고 점검했는지를 체크하면 중복 작업을 하지 않아도 된다. 소화기마다 점검표를 부착하고 점검 후에 표시하면 많은 소화기를 두 번 점검하지 않아도 된다. 다른 업무에서도 식별 하나로 많은 혼란을 막고 있다.

식별은 잘못 사용할 수 있는 오류를 사전에 차단하는 기능이 있다. 원자재와 부품을 구매하고 인수검사 전인지, 검사에서 합격했는지, 사용하기에 적합한 것인지를 식별해놓는다. 합격한 원자재와 부품만 사용해서 제품을 만들게 되므로 품질 문제를 예방할 수 있다. 설비가 점검 중인지, 고장이 있는지를 알 수 있게 기록해놓으면 문제가 있는 설비를 사용하지 않게 된다. 부적합품 생산을 방지할 수 있고 설비가 더 큰 고장으로 커지는 것도 막을 수 있다. 식별은 설비로 인한 문제 발생을 예방하는 중요한 구실을 한다.

중소기업에 방문하면 식별이 안 되어 있는 경우를 자주 본다. 규모가 작다 보니 원자재와 제조하는 제품의 종류와 수량이 적기 때문에 식별할 대상이 많지 않다. 양이 많지 않아서 굳이 표기하지 않고 일일이 확인하면서 취급한다고 한다. 이런 기업에는 세 가지 이야기를 해준다. 첫째, 식별을 표시하지 않으면 검사와 확인 과정이 소홀해질 수 있다. 둘째, 식별을 표시하지 않고 다른 방법으로 확인하는 것이 더 복잡하고 시간이 오래 걸린다. 셋째, 사업 규모가 작은 지금 식별하는 프로세스를 확립해놓지 않으면 나중에 사업이 커졌을 때 되돌리는 것은 더 힘들게 된다.

이름은 지구상에 존재하는 모든 것들의 가치를 담고 있다. 이름이 있는 모든 이들은 자기 이름표를 달 수 있고 이름이 없으면 이름표를 달 수 없다. 이름표를 달고 있으면 그 이름으로 인정받고 자신의 가치를 널리 알릴 수 있다. 회사에 걸려 있는 이름표는 기업 내에 존재하는 것들의 가치를 알려주는 식별이 된다. 식별에는 책임감과 완벽이라는 가치가 함께 담겨 있다.

발자국이 남는 곳에 미래가 있다

한겨울 밤새 내린 새하얀 눈으로 온 세상이 솜털처럼 뒤덮였다. 숲 속으로 향하는 오솔길에 두 줄로 난 발자국이 이어진다. 발자국을 따라가면 어디까지 갔는지 알 수 있다. 거꾸로 거슬러 가면 어느 집에서 시작한 발걸음인지도 알 수 있다. 눈이 많이 쌓여 발자국이 깊을수록 오갔던 길을 찾기 쉽다. 날씨가 계속해서 추우면 며칠이 지나서도 발걸음의 흔적을 볼 수 있다.

흔적에는 많은 정보가 담겨 있다. 사건 현장에 남은 흔적이 단서와 증거가 되어 범인을 찾을 수 있다. 강아지 입을 보니 식탁 위에 한 조각 남겨놓은 케이크를 누가 먹었는지 바로 알 수 있겠다. 잘 살펴보면 도처에 흩어진 흔적에서 많은 것을 유추해볼 수 있다. "독수리는 흔적을 남기지 않는다." 군대 훈련소 시절 중대장이 자주 한 말이다. 은밀하게 침투하는 작전에서 흔적을 남기는 것은 치명적일 수 있다. 적이 남긴 흔적을 보고 추적이 시작된다. 흔적은 일의 성패를 좌우하기도 한다.

ISO 9001 품질경영시스템은 '추적성'을 요구한다. 추적성이란 한 지점에서 역으로 거슬러 올라가 타깃이 되는 지점을 찾아가는 과정을 일컫는다. 문제가 생겼을 때 지나온 발걸음을 거슬러 올라가 문제가 시작되는 곳을 찾아내는 것이다. KS 인증심사에서는 부적합의 원인 파악과 조치에 관한 평가항목이 있다. 부적합이 발생하면 부적합 원인을 찾아내서 재발 방지 조치를 실행하는지 평가한다. 이때 원인을 찾아가는 과정이 추적성이다.

문제의 원인을 찾아가는 과정은 중도에서 멈추지 않고 끝까지 도달해야 한다. 기업에서 추적성이 필요한 이유는 원인을 찾아 해결하고 발생할 수 있는 잠재적인 문제까지 제거하기 위해서다. 책임자를 밝혀내 징계하는 일은 그다음이다. 원인 추적을 위해서는 앞서 다루었던 식별이 필요하다. 추적성과 식별은 한 몸이다. 식별에는 대상이 무엇인지 알려주는 정보와 어떤 과정을 거쳐왔는지에 대한 정보가 있기 때문이다.

제품에 로트번호나 시리얼 넘버를 부여하고 식별표시를 해둔다. 로트번호와 시리얼 넘버에 해당하는 각종 기록을 처음부터 끝까지 남긴다. 최종 제품을 생산하기까지 원재료의 공급자와 품질, 중간공정에서 이루어진 가공과 조립을 어떤 설비로 어떤 조건에서 누가 작업했는지 남긴다. 제품의 최종검사 결과가 기록으로 남아야 한다. 기획에서 실행까지의 모든 업무 과정과 최종 결과물에 대해서도 이런 기록을 남기면 추적이 가능하다. 기획한 대로 일이 진행되었더라도 어디에선가 문제가 발생할 수 있다. 실행에 오류가 있었는지, 처음부터 기획이 잘못되었는지 추적해서 문제를 해결하고 다시 사고가 발생하지 않을 수 있는 조처를 취할 수 있다.

ISO 인증심사 경험에 따라 추적이 잘 이루어지는 기업과 그렇지 않은 기업으로 나누어볼 수 있다. 어떤 업무에서 부적합이 발생하면 원인 파악, 조치사항, 재발 방지 대책을 작성해서 보고한다. 문제에 대해 근본 원인까지 추적해서 보고한 기업과 조치와 재발 방지 교육으로만 그치는 기업이 있다. 문제가 시작된 지점을 찾아 조치하는 기업은 같은 문제가 다시 발생하지 않는다. 문제의 근원을 찾지 못하는 기업은 완벽한 조치 결과를 이루어내지 못한다. 식별과 기록이 충분하게 이루어지지 않아 추적할 흔적과 근거가 없어 조치하지 못하는 경우가 있다. 이런 기업에는 조치와 개선을 할 의사가 있는 것인지를 강하게 묻는다. 회사가 더 좋아지려는 의지가 없기 때문이라는 진단을 내리고 고칠 것을 주문한다.

추적은 흔적을 쫓아 끝까지 밝혀내는 것이다. 책임을 묻는 것보다는 원인 파악과 조치를 통한 재발 방지에 목적이 있다. 추적을 위해서는 흔적을 남기는 것이 중요하다. 요소요소에 정확하고 충분한 정보를 남기는 것이다. 개선을 위해서는 흔적을 남겨야 한다. 처음부터 끝까지 원인을 알 수 있는 기록을 충분히 남기고 그 흔적을 끝까지 쫓아야 한다. 추적의 끝은 개선과 재발 방지를 위한 대책을 마련하는 것이다.

등 돌린 고객이 열광하게 하라

와튼스쿨의 「2006년 불만 고객 연구보고서」 결과를 보면, 불만을 느낀 고객 100명 중 32~36명은 같은 매장에 다시 방문하지 않으며, 기업에 직접 항의하는 고객은 고작 6퍼센트에 불과하다. 31퍼센트는 주변 지인들에게 불만을 가진 경험을 알리는데 적어도 90명에게 전파하는 것으로 나타났다. 불만은 눈덩이처럼 커져 나쁜 소문으로 걷잡을 수 없이 퍼지게 된다.

누구나 제품 문제로 애프터서비스 한 번쯤은 받아보았을 것이다. 아무리 초일류 기업의 명품이라도 100퍼센트 완벽한 품질을 끊임없이 만들 수는 없다. 명품일수록 AS를 적극적으로 제공한다. 최고품질의 대명사인 6시그마 수준일지라도 100만 개 중에서 3.4개는 문제가 있다. 겨우 3.4개지만 그 작은 확률이 기업의 이미지를 실추시킬 수 있다. 심각한 불만은 SNS와 인터넷을 통해 급격하게 퍼진다. 한 번 실망한 고객은 기분 나쁜 경험을 쉽게 지우지 못한다.

고객에게 행하는 애프터서비스는 양면성을 가지고 있다. 고객의 불만을 초래한 잘못을 사과하고 신속하게 문제를 해결해주어야 하는 의무이다. 제품과 서비스가 제자리를 찾게 해주어 고객의 불만을 해소하는 기능이 있다. 이 과정에서 고객의 마음을 가라앉힐 뿐만 아니라 열광하는 팬으로 돌려놓기도 한다. 제품 문제를 해결하는 과정에서 고객이 예상하지 못한 부분까지 조치해줄 때 고객은 감동한다. 감동을 주는 AS사원의 모습이 기업에 대한 이미지까지 바꿔놓을 수 있다.

국내 최대 주방가구 기업에서 근무했을 때 일이다. AS팀에 독보적인 사원이 있었다. 불만이 가득 찬 고객을 열광하는 고객으로 만드는 탁월한 능력을 소유했다. 고객 집에 방문해서 불편하게 해드려 죄송하다는 사과의 말부터 진심으로 건넨다. 고객이 요청한 부분은 당연히 처리하고, 요청하지 않은 부분까지 점검해서 혹시 발생할 수 있는 문제를 예방했다. 고객 집에 있는 다른 회사의 가구들까지 무상으로 점검해서 할 수 있는 모든 조치를 해주었다.

회사 홈페이지에는 칭찬하는 글이 넘쳐났고, 회사로 직접 전화해서 감사를 전하는 고객들도 많았다. 주변 지인에게 주방가구를 추천하면서 꼭 이 사원이 매장에 동행해서 설명해주고 계약할 수 있도록 도움을 요청하는 고객도 있었다. 어떤 고객은 정말 고맙다며 떡을 해서 회사로 보내기도 했다. AS사원들에게는 고객감동 포인트에 따른 인센티브 제도가 있었는데, 이 사원은 항상 가장 많은 인센티브를 받아 다른 사람들의 부러움을 샀지만 시기나 질투를 받지는 않았다. 이 사원의 처리 방식 하나하나를 모아서 AS사원들의 업무 매뉴얼을 만들었다. 회사의 애프터서비스가 또 하나의 강점이 되었다는 평가가 내려졌다.

기업이 애프터서비스를 제공하는 것은 당연한 의무다. 아쉽게도 고객 불만이 전화위복의 기회가 될 수 있다는 생각은 강하지 않다. 중요한 일이라면 회사가 유능한 직원들을 통해 처리하는 것이 당연한데 그런 의지를 찾아보기 어렵다. 애프터서비스는 하고 싶지 않지만 소송에 휘말리지 않기 위해 어쩔 수 없이 하는 일이 아니다. 불만을 열광으로 바꿀 기회다. 멀어진 고객을 끌어당겨 밀착시킬 수 있는 비즈니스 최일선의 행위다. 제품을 수리할 때 고객의 마음마저 치료해주는 과정이다.

기업에 맞는 애프터서비스 매뉴얼과 전문교육이 필요하다. 애프터서비스는 전문성이 매우 중요하다. 현장 상황에 맞게 대응한다는 이유로 모든 것을 일선 직원들의 판단에만 맡기면 안 된다. 전문 능력을 갖추고 상황과 증상에 맞는 적절한 조치가 이루어져야 한다. 고객을 응대하는 방법에 대한 교육을 반드시 제공해야 한다. 전문성을 가지고 조치를 하고 나서 고객의 마음을 돌려놓았을 때 애프터서비스가 마무리된다. 이런 막중한 임무를 수행할 인원들에게 아무런 준비 없이 대처하라고 하는 것은 무책임하다.

　말 한마디로 천 냥 빚을 갚는다. 말은 마음에 상처를 주기도 하지만 마음을 어루만지는 약도 된다. 약이 되는 말과 함께 문제를 해결해주는 행동에 진심을 더하면 고객은 감동한다. 감동을 넘어 열광에 이른다. 애프터서비스는 일선 사원들만의 일이 아니라 기업 전체가 책임져야 하는 몫이다. 진심으로 고객을 대하라. 기업 전체가 능력을 키우고 최선을 다해 불만을 만족으로 바꾸는 노력이 있어야 한다. 불만이 열광으로 바뀔 때 고객을 향한 서비스가 완성된다.

어떤 위험에 대비해야 할까

　누구도 사고를 바라지 않는다. 그러나 누구에게나 일어날 수 있는 일이라는 사실을 잊어서는 안 된다. 나는, 우리 가족은 절대 그럴 일이 없다고 누가 자신할 수 있을까? 기업은 어떨까? 기업이라고 절대 아무 사고가 일어나지 않을 것이라고 자신할 수 있을까? 지금까지 많은 기업을 방문하고 대화해본 경험으로는 안전에 취약한 기업일수록 사고에 무덤덤한 경향이 있다.

화재경보기를 꺼놓은 플라스틱회사, 비상구 앞에 물건을 잔뜩 쌓아놓은 유통회사, 완강기를 설치하지 않은 3층 건물. 각자 이 상황에 대해 그럴만한 이유가 있다고 하지만 절대 허용될 수 없는 일이다. 허용되지 않는 정도를 넘어 소방법을 위반하는 상황이다. 경각심을 가져야 한다. 회사에 불이 났다고 생각해보자. 한순간에 잿더미가 되면 건질 수 있는 것이 없다. 복구하기까지 오랜 시간과 엄청난 비용이 필요하다. 겉모습은 제자리로 돌아갈 수 있지만 이로 인해 멀어진 고객을 다시 불러오기는 쉽지 않다. 쌓아 올리기는 어렵지만 무너뜨리는 데는 시간과 힘이 많이 필요 없다. 모든 것을 잃을 수 있다는 생각을 가져야 한다.

대비하는 자세는 경각심에서 출발한다. 소 잃은 후라도 외양간은 반드시 고쳐야 한다. 경각심을 가지고 돌아보면 고치고 손봐야 할 곳이 넘쳐난다. 완벽하게 대비하는 투자는 기업에 부담이 될 수도 있지만, 투자 없이 얻어지는 것은 없다. 회사 곳곳을 안전 관점에서 돌아보라. 화재가 발생할 수 있는 곳, 위험하게 쌓여 있는 적재물, 금방이라도 떨어질 것처럼 매달린 물건을 지금까지와는 다른 시각으로 봐야 한다. 방치되어 있는 유독물질, 불꽃이 튀는 설비 옆에 놓인 가스통과 기름통, 굳어질 대로 굳어진 소화기 분말이 있지는 않은가?

안전을 넘어 비상사태까지 대비해야 한다. 비상사태는 예기치 못한 때에 인명과 재산에 크나큰 손실을 가져다준다. 기업의 상황에 맞는 대비가 필요하다. 화재뿐만 아니라 화학물질과 유독가스 누출 사고도 심심찮게 언론에 보도된다. 누출을 막고, 누출되더라도 큰 사고로 이어지지 않도록 대비가 반드시 있어야 한다. 화학물질을 다루는 회사는 누출과 폭발에 대한 대비가 필요하다.

동료 ISO 심사원이 목재회사를 지도하며 겪은 일이다. 이 회사는 몇 년 전에 화재가 발생해서 큰 손실을 본 경험이 있었다. 화재를 경험한 후 회사는 소방설비를 모두 교체하고 소화기를 충분하게 구매하여 철저히 대비했다. 회사의 어느 곳에서나 소화기를 쉽게 볼 수 있었다. 방화관리자는 매월 소화기를 점검하고 흔들어서 분말이 굳지 않게 관리했다. 그런데 다른 직원들은 소화기 상태에 별 관심이 없었고 불이 났을 때 어떻게 대처해야 할지 자신의 임무와 역할을 모르고 있었다.

소화기 관리 방법을 바꾸었다. 소화기마다 가장 가까이에 있는 사람이 관리자가 되어 주기적으로 점검하고 흔들어 언제라도 사용할 수 있는 상태를 유지하도록 했다. 모든 직원은 자신이 책임져야 하는 소화기의 상태와 위치를 잘 알게 되었다. 이렇게 지도하고 몇 달이 지난 후 쌓아놓은 나뭇더미에서 다시 불이 났다. "불이야" 하는 소리가 나자 모든 직원이 자기가 관리하던 소화기를 가지고 뛰어왔다. 방화관리자의 지시에 따라 소화 분말을 뿌려 소방차가 도착하기 전에 불을 완전히 꺼버렸다. 소방서에서도 이런 대처에 대해 놀랐고 그 비결을 듣고 다시 놀랐다. 이 회사는 잘 대비하고 대처한 점을 인정받아 소방서장으로부터 상을 받았다. 회사 대표이사가 덕분에 손실을 예방할 수 있었다고 거듭 감사 인사를 전해왔다고 한다.

형식적인 대처는 의미가 없다. 만약 이 회사가 많은 소화기를 방화

관리자 혼자서 담당했다면 불이 났을 때 직원들과 소화기가 제 역할을 할 수 있었을까? 비상사태 대비는 기업 실정에 가장 적합하고 효율적인 프로세스를 구축하고, 실제 계획된 프로세스를 실행할 수 있어야 한다. 안전사고와 비상사태는 사전에 대비해야 한다. 대비가 완벽할 때 대처가 가능하다. 모든 것을 대비하라. 아무것도 대비하지 않으면 모든 위험을 경험할 것이다.

법을 이롭게 사용하라

우리는 수많은 법과 함께 살고 있다. 이름도 들어보지 못한 법이 알게 모르게 우리 생활에 영향을 주고 있다. 법제처가 운영하는 '국가법령정보센터' 홈페이지에서 검색해보니 법률, 시행령, 시행규칙의 수가 4,800건이 넘는다고 나와 있다.

법은 사람들을 강제하기도 하지만 안전하게 보호해주는 양면성이 있다. 옛말에 선하고 반듯한 사람을 빗대어 '법 없이도 살 사람'이라고 했다. 찬찬히 생각해보면 이런 사람들은 자신을 지켜주는 법이 없다면 큰 해를 당하기 쉬운 순박한 사람들일 경우가 많다.

법은 무서운 것일까, 고마운 것일까? 중국 전국시대 한나라의 한비자가 답을 주었다. "법을 잘 지키고 행하는 사람은 반드시 강하고 굳세며, 또한 굳고 바르다." 2200년 전 중국의 법은 국가가 통치를 위해 만든 법이 대부분이었다. 시대가 혼란스러워 강력한 법으로 나라를 운영하던 때다. 힘들게 살아가는 백성들에게 '준법'은 먹고사는 일보다 중요하지 않았을 것이다. 어수선한 시대의 사상가로서 법으로 나라를 경영해야 한다는 뜻을 군왕, 관료, 백성들에게 강조했다.

　기업도 법과 무관할 수 없다. 공정한 경쟁을 위해 기업이 해서는 안 되는 사항을 규제하는 법이 있다. 기업 활동을 장려하며 중소기업을 육성하기 위한 법도 많다. 누군가는 법이 기업을 힘들게 한다고 하는데 다른 이는 법의 도움으로 기회를 얻었다고 한다. 기업은 적용되는 법률을 알아야 한다. 비즈니스, 제품, 공정, 지역에 따라 관련되는 법률이 다양하다. 모든 기업에 공통으로 적용되는 소방, 노동, 4대보험과 관련한 법이 있다. 제품과 생산 공정에 따라 환경과 관련된 법이 있다는 사실을 알아야 할 것이다. 영업, 광고, 소비자 보호, 정보보호 등에 적용받는 법도 확인해야 한다.

　이런 법의 내용을 정확하게 알아야 한다. 법률뿐만 아니라 시행령과 시행규칙 내용도 살펴보아야 한다. 지역의 자치단체에서 제정한 조례, 정부 기관이 제정한 훈령과 고시도 있다. 특히, 법규에서 요구하는 내용을 지키지 않았을 때 처벌조항도 확인해야 한다. 위반했을 때 형사처벌, 벌금, 과태료, 영업정지 등의 내용까지 파악해야 한다. 처벌이 두려워서가 아니라 기업이 입게 되는 피해를 미리 예방하기 위해서다.

　수도용 밸브 등을 생산하는 기업에 재직했을 때 일이다. 매출이 늘어 외주생산을 하던 자재를 직접 생산하기 위해 주물 공장을 설립했다. 공정 특성상 모래를 사용하기 때문에 먼지가 많이 날린다. 주물

설비를 설치할 때 먼지를 빨아들이는 집진기도 설치했다. 당연히 주물을 생산할 때마다 집진기도 가동했다. 어느 날 시청 환경과 직원이 점검을 나와서 '배출시설 및 방지시설 운영기록부'를 보자고 했다. 아무도 작성해야 하는지를 모르고 있었다. 집진기를 정상 가동만 하면 되는 줄로만 알았는데 매일 기록부를 작성해야 한다는 것을 처음 알았다. 과태료 처분을 받았고 납부할 수밖에 없었다.

다음 해에 다시 점검을 나왔다. 집진기를 정상 가동하고 기록부도 작성하고 있었다. 이번에는 가동하지 않은 날은 작성을 건너뛴 점이 문제가 되었다. 휴일과 가동하지 않은 날은 가동하지 않았다고 기록해야 한다는 것이다. 또 한 번 과태료를 납부했다. 다시 한 번 적발되면 14일간 공장가동 중지 명령을 내린다고 했다. 부랴부랴 관련되는 법, 시행령, 시행규칙, 환경부 고시를 샅샅이 훑어보았다. 모르고 있거나 잘못 실행하고 있는 모든 것을 보완하고 놀란 가슴을 쓸어내릴 수 있었다. 이때에도 아무런 조치를 하지 않았다면 최악의 상황에서는 2주간 생산을 할 수 없게 되었을 것이다. 상상만 해도 끔찍한 일이 아닐 수 없다. 가동 중지가 큰일이 아니라 판매에 차질이 생기고 고객의 신뢰를 잃어버리는 일이 가장 큰 손실이 되기 때문이다.

기업에 도움이 되는 법률도 파악해서 활용해야 한다. 비즈니스 영역과 지역에 따라 지원하는 내용과 규모가 다르기 때문에 적극적으로 알아보아야 한다. 경쟁력이 있는 기업일지라도 국가나 지방자치단체가 지원하는 혜택을 받으면 더 큰 기회를 얻을 수 있다. 법을 알면 길이 보인다. 해야 할 일, 하지 말아야 할 일, 피해갈 길과 도움이 되는 내용을 알면 대처할 수 있다. 법률 내용을 활용해서 기업 비즈니스에 날개를 달 수 있다. 이제 몰랐다고 말하지 말자. 기회를 살리고 위기를 극복하는 길이 법에 담겨 있다. 법을 딛고 높이 날아오르자.

리더십 비즈니스 코드 12 〉 몸도 깨끗, 마음도 깨끗

누가 보아도 깨끗하고 정리정돈이 아주 잘 되어 있다는 느낌이 드는 기업이 있다. 큰 손님을 맞이하기 위해 부랴부랴 손을 댄 상황이 아니고 평소 청결과 정돈이 몸에 밴 기업이다. 기본이 잘되어 있다는 점을 한눈에 알 수 있다. 방문한 사람의 기분이 상쾌한데 이런 환경에서 일하는 직원들의 기분은 말할 것도 없다. 너무 지저분해서 인상부터 쓰게 되는 회사도 있다. 이런 회사는 어떤 수준일 것이라는 선입견이 앞서고, 그 선입견에서 좀처럼 벗어나기 어렵다. 정리정돈과 품질 간의 관계에 관해 설명할 때 받아들이면 조금 수월해지지만 거부할 땐 힘들다. 그럴 땐 한마디 묻는다. "고객에게 이런 모습을 자랑스럽게 보여주실 수 있나요?" 분위기가 무거워진다.

주변을 깨끗하게 유지하는 사람은 자기관리를 잘 하는 사람이다. 매사에 하는 일의 시작과 마무리가 확실하다. 과정과 결과가 군더더기 없이 깔끔하다. 깨끗하고 정돈된 환경에서 좋은 품질이 나온다는 말에 전적으로 동의한다. 기업에서 생산하는 제품의 품질뿐만 아니라 서비스 품질도 마찬가지다. 이런 환경이라면 사무실에서 이루어지는 업무 품질도 좋은 결과를 낼 수 있다.

리더의 마음가짐이 기업의 환경을 좌우한다. 리더가 정돈된 환경을 조성해서 품질과 업무의 질을 높이려는 마음가짐이 가득하면, 회사 구석구석이 깨끗하게 유지된다. 깨끗한 환경에서 대충대충 하려는 마음은 사라진다. 완벽한 일 처리가 이루어지고 품질 좋은 제품만 넘쳐나게 된다. 깨끗한 환경은 직원들의 마음을 가지런하게 정돈해준다. 깨끗한 마룻바닥에서는 쓰레기도 함부로 못 버린다. 누가 보지 않더라도 마음이 숙연해지고 혹시 자기 때문에 더러워질까 조심한다. 리더의 청결에 관한 의지가 직원들의 마음을 움직이고, 직원들의 마음가짐이 업무와 품질로 이어진다.

정리가 잘 되어 있으면 낭비가 없다. 물건을 찾아다닐 일이 없으니 시간 낭비가 없다. 어디 있는지 몰라 다시 사게 되는 낭비도 없다. 생각하고 마음먹은 대로 일이 진행되니 효율도 올라간다. 이동하는 동선에 위험요소가 없어 안전사고가 일어나지 않고 인력손실도 없다. 순조롭게 생산하니 오류가 없이 품질 좋은 제품만 남는다. 불량품을 폐기하지 않아 손해날 일이 없다. 회사를 한 번 둘러보자. 깨끗하고 정돈이 잘 되어 제품과 서비스 품질을 기대할 수 있는 환경인지, 어디에 내놓기 부끄러운 상황인지 판단해보자.

리더의 의지를 드러내자. 깨끗한 환경을 만들고 기분 좋게 일하자고 독려하자. 깨끗하고 안전한 일터를 만들자고 하는데 반대할 사람이 없다. 깨끗한 환경을 만드는 운동을 펼쳐보자. 불필요한 물건은 과감히 걷어내고, 필요한 물건을 자리를 정해 제자리에 놓자. 더러운 곳은 깨끗하게 청소하고 항상 청결한 상태를 유지하자. 필요하다면 이 분야 전문가에게 손을 내밀어도 된다.

몸과 마음은 하나이다. 깨끗한 몸이 깨끗한 마음을 불러온다. 깔끔한 사람은 남들이 보기에도 좋지만, 자기만족이 강하다. 환경이 일을 대하는 마음가짐을 만든다. 깨끗한 환경은 품질과 효율을 최고로 여기는 생각을 끌어낸다. 깨끗한 환경을 원하는 리더의 의지가 직원들의 마음가짐으로 이어진다.

7장
6단계
: 진단이 처방을 부른다

  수많은 평가와 시험을 거치며 성인이 된다. 시험은 자신의 위치와 상황을 알게 해주는 객관적인 데이터를 전해주며 한 단계를 뛰어넘는 허들이 된다. 원하는 바를 이루기도 하고 갈 길과 방향을 정할 수 있다. 시험에 따르는 스트레스가 크지만 만족할 만한 점수를 얻은 후에 얻어지는 자신감과 성취감은 이루 말할 수 없이 크다. 그 맛에 늦은 시간까지 공부하고 땀 흘리며 훈련한다.

  기업에게도 평가와 심사는 떼어놓을 수 없는 운명이다. 기업은 제삼자의 평가에 앞서 실적과 데이터를 스스로 점검하고 검토하며 잘잘못을 따져야 한다. 스스로 점검하는 이유가 누군가를 탓하거나 징계하기 위한 목적이라면 바람직하지 않다. 학생들이 시험을 치르고 나서 부족한 부분을 알아내고 앞으로 공부에서 보완할 방향을 찾듯이 기업은 점검 결과를 개선과 발전의 기회로 삼아야 한다. 점검하고 검토하라. 점검과 검토는 솔직하게 있는 그대로를 보는 과정이다. 누군가의 잘못을 들춰내서 벌하기 위해 완장을 차고 색안경을 끼고 보는 일이 아니다. 점검과 검토는 더 나은 방향으로 진행하는 과정임을 꼭 기억하라.

돋보기보다는 현미경

퇴근길 아파트 엘리베이터 안에 공지문이 붙어 있다. 며칠 뒤 엘리베이터 점검이 있어 몇 시간 동안 운행하지 않는다는 내용이다. 엘리베이터는 사고가 발생하면 치명적인 피해가 있기 때문에 자격을 갖춘 사람을 통해 정기적으로 점검하고 검사도 받아야 한다. 잠시 불편하지만 이렇게 점검과 검사를 하고 나면 안심하고 이용할 수 있다. 불편 때문에 엘리베이터 점검과 검사를 반대하는 사람은 없다. 주민들의 안전과 생명이 걸린 문제이기 때문에 더욱 꼼꼼하게 점검하는 것을 바라는 사람이 더 많을 것이다.

우리 생활에 점검과 검사를 받아야 하는 것들이 많이 있다. 2년에 한 번은 국민건강검진을 받아야 한다. 자동차도 정기적으로 검사를 받아야 한다. 학생들은 중간고사와 기말고사를 보고 실력을 확인한다. 국회는 국정감사를 해서 국가기관이 시행한 일의 잘잘못을 따진다.

기업에도 수많은 점검과 검토가 있다. 중요한 프로젝트를 마친 후에는 과정과 결과를 되돌아보아야 한다. 성공한 프로젝트는 돌아보지 않고 실패한 경우에만 무거운 분위기에서 검토 회의를 하는 경우는 옳지 않다. 중소기업에서는 실패한 프로젝트를 그냥 묻고 지나가는 사례도 많다. 성공이든 실패든 과정을 되돌아보고 정확한 평가를 해야 한다. 성공한 요인은 무엇인지, 실패한 원인이 어디에 있는지를 검토한다. 예산을 계획대로 집행했는지, 비용대비 효율은 어떠했는지 검토해야 한다. 적정 인원으로 제 역할을 다했는지도 살펴본다. 검토하고 평가한 결과는 다음에 있을 프로젝트 수행의 귀중한 자료가 될 것이다.

제조 공장에서는 각종 검사가 이루어져야 한다. 원자재는 인수검사를 한 후에 공정에 투입한다. 공정에서 이루어지는 업무 프로세스와 중간 결과물의 검사도 필요하다. 설비나 작업자의 오류가 다음 공정에 영향을 주면 안 되기 때문이다. 제품은 출하하기 전에 최종검사를 해야 한다. 불량품이 고객에게 인도되었을 때에는 유형, 무형의 피해가 크게 되돌아온다.

모니터링이 필요한 영역도 있다. 설비가 고장 없이 작동되는지를 비롯해 온도, 습도, 회전속도 등이 적절한지 모니터링해야 한다. 환경과 안전에 관해서도 주기적으로 모니터링해야 한다. 설비와 활동이 현재 어떤 상태인지, 어떤 경향으로 움직이는지를 알아야 한다. 예산과 지출에 대해서도 모니터링과 점검이 필요하다. 계획한 예산대로 자금을 집행하고 있는지, 이 과정에서 낭비는 없는지를 살핀다. 지출한 내용이 전월 또는 전년 동월과 비교해서 많거나 적지는 않는지 검토한다. 지출 규모가 지속해서 증가하고 있는지, 감소하고 있는지를 검토하는 것도 중요하다. 이때에는 어느 항목의 지출이 많은지를 확인하며, 그 순위 변화가 있는지, 변화하는 이유는 타당한지도 반드시 살펴야 한다.

중소기업이 검사와 모니터링을 적절하게 실행하지 않는 경우를 많이 본다. K사는 산업용 및 건설용 볼트와 너트를 제조하는 기업이다. 최종검사는 로트별로 적절하게 샘플링 검사를 시행하고 있었다. 검사 성적서를 작성하고 박스에 합격 도장도 찍어서 보관하고 있었다. 불합격한 로트에 대해서는 공정으로 되돌려 보내 문제가 있는 제품을 골라내고 다시 재포장했다. 재포장한 로트는 다시 검사해서 합격 성적서를 발급하고 박스에 도장을 찍는다. 그런데 불합격 성적서를 작성하지 않고 있었다. 문제가 있는 제품의 수량이 얼마나 되는지, 부적합이 얼마나 자주 발생하는지를 알 수 없었다.

대표이사와 품질팀장에게 이유를 물었다. 합격한 로트만 성적서를 가지고 있다가 고객이 요구하면 사본을 주기 때문이라고 한다. 성적서를 발행한 목적은 제품의 품질에 어떤 문제가 있고, 어떤 경향을 나타내는지 확인해서 개선하고 조치하기 위해서라고 설명해주었다. 부적합으로 얼마나 큰 손실이 일어나고 있는지, 지금 돈을 얼마나 버렸는지 모르고 있다고 알려주었다. 모르고 있으면 어떤 대책도 나올 수 없다는 말도 덧붙였다.

검사와 검토에서 얻은 데이터를 기록으로 남기는 일이 중요하다. 공정과 제품의 검사 결과로 확인한 여러 항목의 측정 데이터를 남겨야 한다. 설비 모니터링의 특성치를 데이터로 남기면 상태가 변하는 경향을 파악할 수 있다. 예산과 지출의 추이를 세밀하게 남겨서 아깝게 낭비가 일어나는 부분을 찾아낼 수 있는 자료로 삼아야 한다.

기업 비즈니스에서 검사와 모니터링은 필수다. 무슨 일이, 어떤 결과가 일어났는지를 알아야 한다. 넓게 보고 상세하게 살펴야 한다. 모든 일, 모든 결과에 돋보기를 들이대자. 돋보기로 부족하다면 현미경으로 크게 상세하게 보아야 한다.

아무리 강조해도 지나치지 않은 이야기

아들이 사용하는 핸드폰 액정에 거미줄처럼 금이 갔다. 화면을 보기가 불편할 수밖에 없어 보인다. 불편한 것이 문제가 아니라 날카로운 부분에 손을 베일 것만 같다. 아들과 함께 가까운 AS 센터에 가서 30분 만에 액정을 교체했다. 다음 날 핸드폰으로 문자메시지가 왔다. 전날 AS에 대한 '고객만족도' 조사에 응답해달라는 요청이다. 문항이 여러 개라서 귀찮은 생각이 들었지만 친절하게 최선을 다해준 AS 직원을 생각해서 답변해주었다. 전자제품을 사서 새로 설치한 후에도 이런 문자메시지를 받았다. 가끔 통신사에 상담전화를 하고 나면 이런 문자메시지가 꼭 온다.

왜 기업은 제품을 판매한 후에, 서비스를 제공한 후에 고객들의 의견을 듣는 것일까? 왜 제품과 서비스에 대한 고객의 만족도를 알아보려고 하는 것일까? 제품과 서비스를 개발할 때 고객의 의견을 듣고 반영하는 것과는 다른 이유일까? 기업이 모니터링하고 점검하는 대상을 기업에서 정해놓은 몇몇 프로세스로 한정하는 것은 편협한 생각이다. 내 자식이 집 밖에서 무슨 일을 하고 있는지, 친구들에게 어떤 평가를 받는지 관심이 없는 부모는 없을 것이다. 고객에게 제공한 제품과 서비스가 회사 밖에서 어떤 평가를 받고 있는지를 면밀하게 살펴야 한다.

고객만족도를 알아보는 일은 제품과 서비스의 품질을 검사하는 것만큼 중요하다. 품질은 고객이 기대하는 수준에 미치는지, 가격은 합리적인지를 확인해야 한다. 기업이 정한 품질, 기업이 책정한 가격이 적절한지를 매출만으로 판단하기에는 한계가 있다. 고객은 좋든 나쁘든 기업에서 제공하는 제품과 품질에 대해 생각을 하고 있기 마련이다. 고객이 어떤 생각을 하고 있는지 모르는 기업은 우물 안 개구리일 뿐이다. 시장에서 어떤 생각과 의견이 오가는지 살피지 않는다면 자만이고 오만일 수 있다.

ISO 9001 품질경영시스템에서는 기업의 성과를 평가할 때 고객의 기대와 니즈가 어느 정도 충족되었는지 모니터링할 것을 요구한다. 고객만족도를 확인하는 방법에는 고객의 의견을 직접 받아들이는 방법과 간접적으로 알아보는 방법이 있다.

고객의 생각을 직접 알아보는 방법으로 고객과의 미팅, 설문조사, 칭찬과 클레임 접수, 의견 피드백 등이 있다. B2B 비즈니스 기업은 고객사의 의견을 직접 듣는 것이 가장 좋은 방법이다. 기업 여건과 제품 및 서비스에 따라 가장 적합한 방법은 다를 수 있다. 중요한 점은 여러 방법 중 고객의 의견을 가장 충분하게 확인하는 방법을 선택하는 것이다. 고객만족도를 간접적으로 확인하는 방법도 있다. 고객으로부터 직접 의견을 들을 수 없을 때 포기하지 말고 다른 방법을 찾아야 한다. 판매 대리점이나 AS 대행사의 의견을 듣는 방법을 많이 사용한다. 그들은 고객으로부터 많은 의견을 직접 듣고 있기 때문이다.

고객만족도를 조사한 데이터를 남겨야 한다. 좋은 결과와 나쁜 결과 모두 어떤 의견이 얼마나 많이 나왔는지 기록으로 남겨야 한다. 어디에서도 얻을 수 없는 귀한 자료가 된다. 고객만족 상황을 조사하지 않거나, 데이터를 남기지 않는 중소기업이 종종 있다. 조사할 필요를 느끼지 못한다, 모니터링할 수 있는 여건이 안 된다, 전문 인력이 없다, 기업 규모가 좀 더 커지면 고려하겠다는 이유를 댄다. 어떤 말도 납득할 수 있는 이유가 되지 못한다.

예전에 재직했던 주방가구 회사에서는 다양한 경로로 고객의 의견과 만족도를 파악했다. 홈페이지, 전화통화, 대리점에서 대신 전해주는 내용까지 빠뜨리지 않고 모두 기록으로 남겼다. 구매한 제품, 고객의 기초 정보, 판매한 대리점, 설치 담당자, AS 내용, 제품과 AS에 대한 만족 및 불만 의견 등을 파악해서 기록하고 관련 부서가 공유한다. 이 데이터는 매주 회의의 기본 자료가 되었다. 수치와 내용을 분석하고 조치할 사항을 정한다. 다시 한 주 동안 수집한 데이터를 분석하며 조치의 효과를 가늠한다. 예상되는 문제가 발생하기 전에 미리 조치해서 고객만족도가 악화하는 것을 예방할 수 있다.

많은 기업이 이런 프로세스를 운영하고 있다. 얼마나 중요한지 알고 있기에 하는 일이다. 고객은 제품과 서비스에 대해 할 말이 많다. 지금도 생각을 이어가고 입을 열고 있다. 고객의 소리를 들어라. 고객의 마음마저 읽어라. 똑똑하게 듣고 내용을 이해하라. 들은 대로 기록하고 데이터를 공유하라. 고객은 오늘도 기업의 위기와 기회에 대한 답을 알려주고 있다.

데이터를 가만두지 마라

명절이 되면 전국의 고속도로는 며칠간 고향을 오가는 차들로 가득 차게 된다. 막히는 시간을 피하고 빨리 가기 위해 눈치게임을 한다. 언제 출발하고 어느 길로 가는 것이 좋을지 고민한다. 지금까지 다녀 보았던 경험을 되살려 오가는 길을 결정한다. 뉴스에서는 언제 출발하는 것이 가장 덜 막히고 가장 많이 막히게 될지를 예측해서 알려준다. 막히는 구간은 어느 길로 우회하는 것이 효과적인지도 조언해준다. 최근 몇 년간의 경험과 연휴 기간을 고려해서 분석한 결과다. 경찰과 고속도로공사는 명절마다 전국 도로의 시간별 교통량 데이터를 가지고 있기 때문에 이런 분석이 가능하다.

세상에서 일어나는 일에는 데이터가 남는다. 데이터는 지나온 역사이자 지금 일어나는 현실이다. 데이터는 눈앞에 펼쳐진 이정표이자 가야 할 길을 보여주는 미래가 된다. 세상일의 데이터가 중요한 이유는 과거를 바탕으로 미래를 예측할 수 있는 과학적 도구이기 때문이다. 지난해 명절 고속도로 통행량은 올해 통행량을 예측할 수 있는 데이터이다. 야구에서 특정 투수와 타자의 맞대결 데이터는 승부처에서 승리하기 위한 작전의 중요한 고려사항이다. 기업의 모든 프로세스에도 데이터가 남는다. 앞선 내용에서 검사와 모니터링을 할 때 반드시 데이터를 남겨야 한다고 말했다. 과거에서 현재로 이어온 실적이 미래에 어떻게 흘러갈 것인지를 예상할 수 있게 한다.

데이터는 날것으로 있을 때는 가치를 찾기 어렵다. 하나하나를 보면 나무를 볼 수 있지만, 숲을 볼 수 없다. 제품의 성적서에 남아 있는 수치 하나, 최종 합격 판정 하나로는 회사의 생산 프로세스가 어떻게 이루어지고 있는지를 알기 어렵다. 세금계산서 한 장, 지출결의서 한 장으로는 회사의 매출과 자금의 추이를 알 수 없다. 기업이 축적한 많은 데이터를 분석해서 가치를 부여하자. 매출과 이익이 전년도 같은 기간, 전월과 비교해 증가했는지 감소했는지를 분석한다. 어느 제품의 매출과 이익이 증가하거나 감소하는지도 면밀히 분석해야 한다. 어떤 지출이 가장 많은지, 증가 추세도 검토한다.

매출, 이익, 지출 데이터를 분석하면 어디에 투자할지, 어떤 사업 부문에 집중할 것인지를 정할 수 있다. 대표이사와 몇몇 임원들의 감에 의한 투자가 아니라 과학적 분석에 따라 결정하기 때문에 이견이 없고 성공 확률이 높아진다. 목소리 큰 사람이 이기는 것이 아니라 데이터를 정확하게 분석한 사람이 이겨야 한다.

검사성적서에 담긴 수치를 분류하여 의미 있는 데이터 집단을 만든다. 평균과 표준편차를 구해서 기본적인 상황을 파악한다. 공정능력지수를 계산해서 안정적인지를 알아본다. 데이터를 그래프로 그려보면 실적이 증가나 감소 중 어느 방향으로 가고 있는지 알 수 있다. 상관계수를 구해서 특정 요인 간에 영향을 주는 정도를 알 수 있다. 설비의 고장 시간을 분석하고 예방정비를 하면 손실을 막을 수 있다. 품질과 공정의 데이터를 분석하면 개선을 위한 대책 수립이 용이하다. 6시그마, 분임조 활동은 제품과 공정에서 나타난 데이터 분석으로 시작한다. 문제를 해결하는 방법과 대안도 데이터 분석에서 길을 찾는다.

ISO 9001 품질경영시스템에서는 모니터링과 측정 결과로 나온 데이터를 분석하고 평가할 것을 요구한다. 가구용 금속 부품을 생산하는 T사는 제품 로트마다 최종검사를 하고 보고서를 작성했다. 데이터 분석 결과를 요구했는데, 부적합이 발생하지 않기 때문에 검사보고서를 작성할 뿐 분석할 필요가 없다고 했다. 한 제품을 선택해서 3개월 동안의 성적서를 가져다가 데이터를 모두 정리했다. 날짜별 평균값을 점으로 찍어서 연결했다. 시간이 갈수록 평균값이 조금씩 증가하는 경향을 보였다.

이렇게 나타날 수 있는 이유를 물었더니 한 업체에서 구매하는 자재 때문으로 추정했다. 같은 기간의 해당 자재 성적서의 데이터도 같은 방법으로 그래프에 나타내보았다. 놀랍게도 값이 계속 증가하는 게 한눈에 들어왔다. 이후에 해당 업체와 원인을 찾고 품질을 안정되게 유지할 수 있었다고 한다. 데이터를 분석하고 원인을 찾았기에 가능한 일이다. 데이터를 보지 않고 안심하고 있었다면 언젠가는 문제가 생겼을 것이다.

데이터는 중요한 가치를 지닌다. 데이터가 있다는 것이 중요한 것이 아니라 어떻게 해석하고 어떻게 활용하는지가 더 중요하다. 데이터는 지나간 일의 기록이지만 시간이 흘러 사라진 과거가 아니다. 데이터는 살아있다.

뒤를 보고 걸어라

사람들은 자기가 자신을 가장 잘 안다고 생각한다. 실제로 그럴까? 사람들은 자신을 알기 위해 어떤 생각을 하고 어떤 노력을 하고 있을까? 깊이 있게 오래 생각하면 자신을 온전하게 알 수 있을까? 자신을 스스로 잘 아는 것은 매우 어려운 일이다.

군대 시절 매년 감사, 검열, 점검을 번갈아 받았다. 지휘검열, 보안 감사, 작전 준비태세검열 등이다. 상급 부대에서 시행하는 검열과 감사에 대비해 사전 준비를 한다. 어느 정도 준비가 되면 부대에서 준비 상황을 자체 점검한다. 점검 결과 부족한 부분을 보완하기도 하지만 잘하는 점을 전파하고 부대 전체가 공유해서 좋은 평가를 받기 위해 노력한다.

ISO의 모든 경영시스템에서는 '내부심사'를 필수 요구사항으로 규정해놓았다. 기업의 비즈니스 프로세스가 잘 운영되는지 확인하는 방법은 제삼자가 객관적인 시각으로 심사하는 방법과 내부 상황을 잘 알고 있는 직원들이 심사하는 방법이 있다. 내부심사는 조직이 스스로 심사하는 것이다. 내부심사를 시행하지 않았을 경우 경영시스템의 근간이 무너졌다고 판단하며 중대한 문제로 간주한다. ISO가 내부심사를 얼마나 중요하게 여기는지 알 수 있다.

　내부심사는 왜 필요할까? 내부심사는 업무 프로세스가 적절하게 수행되고 있는지를 경력과 전문성을 가진 내부 인원이 확인하는 절차이다. 부적합은 시정하고 긍정적인 면은 장려해서 기업 전체의 발전과 성장을 도모하는 행위이다. 검사, 점검, 모니터링과 마찬가지로 기업이 기회를 살리고 위기를 벗어날 수 있는 기반을 마련하기 위한 목적이 있다.

　내부심사는 꼭 필요한가? 검사, 점검, 모니터링을 충실하게 수행하고 데이터를 분석하면 기업이 나아갈 길이 보이는데 내부심사가 굳이 필요할까? 이들이 기업의 성장을 도모하는 것은 사실이다. 그러나 이들은 생산, 개발, 마케팅, 재무 등 개별 분야의 현상과 개선 방향을 제시하지만, 기업 전체를 보는 데에는 부족한 면이 있다. 내부심사는 기업의 프로세스를 종합적으로 점검하는 기능을 한다. 부서 간, 프로세스 간 조화를 살펴보기 위해서는 내부심사가 필요하다.

　내부심사가 성공하기 위해서는 두 가지 사항을 실천하는 것이 중요하다. 우선, 마이너스 평가가 아닌 플러스 평가를 시행해야 한다. 잘못한 점을 찾아내는 심사보다 긍정적인 부분, 우수한 사례를 더 찾아내는 심사를 한다. 잘못한 점을 눈감고 넘어가라는 의미가 아니다.

잘못한 점과 긍정적인 면을 함께 보아야 한다는 균형 잡힌 생각을 갖추어야 한다. 잘못된 결과만 찾아서 결론짓지 말고 원인을 찾아보는 심사를 한다. 잘못된 결과는 반드시 잘못된 원인이 있다. 과정을 되돌아보지 않고 결과만 바라보고 그저 잘못되었다는 결론으로는 개선할 기회를 찾을 수 없다. 내부심사는 과정을 되돌아보는 과정이다.

중소기업은 내부심사를 부담스러워하는 경향이 많다. 규모가 작고 분위기가 좋은 기업일수록 더욱더 그렇다. T사는 젊은 대표이사의 경영철학에 따라 상급자와 하급자 사이에 벽이 없고 직원들 간에 소통이 잘 되는 기업이다. ISO 9001 품질경영시스템을 도입하고 인증 취득을 준비하는 과정에서 아무도 내부심사원을 맡지 않으려고 해서 애를 먹고 있었다. 대표이사가 지명하는 사람마다 부담스러워 고사하고 있는 상황에서 도움을 요청해왔다. 대표이사, 품질경영팀장을 비롯한 관리자들과 함께 미팅했다. 어느 팀에서 무슨 일이 있는지 훤히 알고, 큰소리 한 번 나지 않는 회사 분위기를 해칠 수 있는 부담감을 토로했다.

두 가지 이야기를 해주었다. 첫째, 내부심사원은 완장을 차고 회사의 곳곳을 들쑤시는 사람이 아니다. 둘째, 내부심사는 잘못을 찾아내는 일이 아니라 프로세스 개선이 목적이다. 누구의 잘못을 들추려 하면 위축되고 감추기에 급급하게 된다. 이런 자세로는 절대 프로세스 개선을 이룰 수 없다. 회사가 발전하고 더 나아지는 기회로 삼겠다는 마음을 가져야 한다. 직원들이 심사원이 되어 회사 내부를 살펴보는 이유를 정확하게 인식해야 한다. 바쁜 와중에 굳이 이런 일을 해야 하느냐고 역정을 내는 사람도 있다. 기업은 자신을 스스로 살펴보아야 한다. 꼭 그 명칭이 내부심사가 아니어도 좋다.

사고가 났을 때 뒤늦게 프로세스를 점검하지 말고 주기적으로 이런 기회를 가져야 한다. 환경이 변하고 기업이 변하면서 프로세스가 못 따라가는 일이 생기기 때문이다. 기업은 자신을 알려고 돌아보아야 한다. 기업은 스스로 돌아볼 때 길을 찾을 수 있다.

무엇을 검토해야 하는가

한 해를 마무리할 때 아무 일 없었던 듯이 흐지부지하게 보내지는 않는다. 1년 동안 달려온 길에서 이루어진 일, 못다 이룬 일을 돌아본다. 아쉬움 속에서 좋았던 일, 나빴던 일, 슬펐던 일, 기뻤던 일을 회상한다. 지는 해를 바라보며 나쁜 기억을 떠나보낸다. 새해 첫날 자정, 텔레비전에서 보신각 종소리를 들으며 지난해보다는 더 좋아지기를 기원한다. 소원하는 모든 바가 이루어지기를 빌고 또 빈다. 한 해 목표를 정하고 달성할 방법도 계획한다. 지난해보다 더 나은 해가 되기를 바라고 준비한다.

새해의 목표와 계획을 세우기 위해서 올해의 마무리를 먼저 해야 한다. 올해 이루려고 한 계획 중 실천한 일과 실천하지 못한 일, 좋았던 일과 아쉬운 일을 되돌아본다. 계획을 이루기 위해 최선을 다했는지, 못 이룬 원인이 어디에 있는지 냉철하게 분석한다. 목표를 이루기 위해 들어간 돈과 노력이 충분했는지 냉철하게 검토한다.

한 해를 보내고 새해를 맞이하는 기업의 자세는 보다 엄중해야 한다. 올해 있었던 모든 일, 모든 성과, 모든 과오를 냉철하게 돌아보는 자세가 필요하다. 좋았던 일만 기억하고 싶지만, 실패를 극복할 때 얻어지는 배움도 크기 때문이다. ISO의 모든 경영시스템에서는 경영검토가 필수사항이다. 경영검토는 한 해 동안 기업에서 일어난 모든 일의 결과와 상황변화를 한 테이블에 올려놓고 검토해서 다음 해를 위해 개선이 필요한 부분과 투자 대상을 결정하는 자리이다. 최고경영자를 비롯해 검토와 의사결정 위치에 있는 모든 사람이 참여한다. 소기업의 경우라면 전체 인원이 참여하는 것도 좋다.

경영검토는 인풋과 아웃풋이 있다. 인풋은 검토 대상이 되는 것들로서 한 해 동안의 모든 실행결과이다. 목표에 대한 달성 정도, 인원과 조직 운영의 효율성, 투자와 지출의 효과성을 검토한다. 시장 상황의 변화에 대한 대처, 고객 요구에 대한 실천의 만족도, 협력회사의 품질과 납기준수 정도 등도 살펴야 한다. 제품, 서비스, 프로세스를 개선할 기회가 있었는지, 그 기회를 잘 살려 의도한 성과를 이루었는지를 검토하는 것도 빼놓을 수 없다. 기업이 실행한 모든 심사, 검토, 모니터링 결과도 종합해서 다룬다. 부적합에 대한 시정조치가 효과적이었는지를 다시 한번 돌아본다. 검토에 검토를 더하는 신중한 과정이다. 인풋을 검토한 결과는 아웃풋을 결정하기 위한 자료가 된다.

아웃풋은 올해보다 더 성장하는 다음 해를 위한 경영 방향을 정하는 것이다. 회사의 경영방침과 장기 계획을 새롭게 정할 수도 있다. 다음 해의 경영목표를 확정하고 회사가 지원할 사항을 결정한다. 목표 달성을 위한 인적, 물적 자원의 확충과 투자를 결정하는 것이 가장 중요하다. 더 높은 목표를 설정했으면 이를 달성할 수 있는 뒷받침이 필요하다. 경영검토는 지원과 투자를 결정했을 때 참석자들이 제 역할을 다했다고 할 수 있다.

경영검토를 충실하게 이행한 기업과 그렇지 않은 기업의 사례를 소개한다. J사와 H사는 서로 다른 지역에서 동종 건설업을 하는 기업들이다. 인원과 매출 규모는 두 회사가 비슷한데 H사가 조금 앞서고 있었다.

J사는 2018년 말에 대표이사와 팀장급 이상이 참여하는 경영검토 회의를 진행했다. 기존 고객에게만 의존하는 모습으로는 시장축소가 예견되는 상황을 벗어나기 어렵다고 판단했다. 그것에 맞게 경영방침을 변경하고 경영목표를 다시 설정했다. 영업부서의 인원과 예산을 늘렸다. 새롭게 진출하려는 분야에 맞게 기술인력도 충원하고 설비도 늘렸다. 여름이 지나자 이전과 다르게 고객층이 늘고 덩달아서 매출도 증가했다.

H사는 경영검토 회의를 위해 대표이사가 팀장급 이상을 소집했다. 2018년 실적에 대해 개략적인 보고를 받고 알았다고만 답했다. 새해 계획은 이전과 큰 변화가 없다는 대표이사의 방침을 전하는 정도로 끝냈다. 어려운 시장 여건을 대비해 인원과 설비에 대한 추가 투자를 하지 않았다. 회사는 예상대로 매출이 축소되어 고정비 지출을 부담

스러워하고 있다.

경영검토는 기업이 실행하는 모든 프로세스의 결과와 더 나은 프로세스 성과를 내기 위해 반드시 거쳐야 하는 과정이다. 명칭이 경영검토든 경영전략회의든 상관은 없다. 목표를 달성하기 위한 모든 검토와 의사결정의 내용이 중요하다. 전장에 나서는 군대는 이전 전투의 승패를 돌아보고 군사, 무기, 군량미를 충분히 확보하는 것을 우선으로 여긴다. 치밀한 작전을 세우고 실행에 옮겨 승리를 거둔다. 기업의 경영검토는 전장에 나설 준비를 하는 중요한 과정과 같다. 경영검토가 승리를 이끈다.

리더십 비즈니스 코드 13 ─ 언제나 이길 수밖에 없는 회사

회사마다 다양한 분위기를 풍긴다. 기분 좋게 들어가서 기분 좋게 나오는 회사가 있다. 첫인상은 별로였으나 웃고 나오게 되면 다시 방문할 날을 기다리게 된다. 처음부터 끝까지 기분이 찜찜한 회사도 있다. 다시 얼굴을 봐야 할 생각에 마음이 무겁다. 방문한 사람이 확실하게 느낀 분위기라면 그 회사에 소속된 직원들도 같은 느낌 속에서 살고 있을 것이다. 좋은 회사라면 누구나 인정하는 좋은 기업문화를 가지고 있다.

W건설사는 교량 분야에 차별화된 기술력을 가지고 있는 회사이다. 최근 3년간 매출과 이익이 꾸준히 증가하고 있다. 누가 봐도 좋은 회사임이 틀림없다. 처음에는 건설사라는 선입견을 품고 방문했다. 생각이 바

꿔는 데는 한 시간도 걸리지 않았다. 심사 시작회의에 참석한 대표이사, 임원들뿐만 아니라 팀장들과 담당자들까지 얼굴에 웃음이 많고 언행이 부드럽다. 상대에 대한 배려가 말투에 담겨 있다.

공사 현장에서도 같은 분위기다. 현장소장과 직원들 간의 대화에 권위적인 표현이나 욕설을 들어볼 수 없다. 현장사무실에는 직원들을 위한 안전보호구, 음료수, 편의시설이 충분히 마련되어 있었다. 심사를 마무리하는 종료회의에서 심사원들이 제시하는 부적합이나 권고사항에 대해서도 민감하게 반응하지 않는다. 담당 부서에 대한 질책보다는 조언과 회사에서 지원할 사항에 관한 대화가 이어진다. 훌륭한 회사에서 기분 좋은 심사를 할 수 있었다.

조직문화가 바뀌고 있다. 결과만 바라보면서 한 방향으로 일사불란하게 움직이는 것을 강조하던 문화가 점점 사라지고 있다. 소통을 통해 효율을 높이고 고부가가치를 만들어내는 것에 무게중심이 이동하고 있다. 장교로 군 복무를 마쳤기 때문에 상명하복이 중시되는 조직문화를 잘 알고 있다. ISO 경영시스템을 강의할 때 교육에 참석하는 군인이나 군무원들을 많이 만나고 있다. 그들의 생생한 증언에 따르면 군도 예전과는 많이 달라지고 있다고 한다. 상명하복 시스템이 무너진 것이 아니라, 상급자와 하급자 간에 명령을 내리고 수행하는 조직문화가 바뀌고 있다는 것이다. 하물며 기업의 문화가 바뀌고 있다는 것은 더는 특별하지 않다.

리더는 긍정과 효율의 조직문화를 만들어야 한다. 의사소통은 수평적으로, 상호 관계는 존중에 바탕을 두어야 한다. 일방적인 전달과 수용보다는 토론을 통해 의사결정을 내리면 좋은 문화가 만들어진다. 조직문화를 망치는 요인을 주의 깊게 살펴야 한다. 책임의 무게를 나타내는 권위는 괜찮지만, 상대를 억누르는 권위는 없는 것이 훨씬 좋다. 이기심이 기업 내에 팽배하면 소통과 효율은 사라진다. 발전적인 경쟁은 장려하지만 이기심이 깊게 깔린 경쟁은 과감히 없애자.

　기업문화를 발전시킬 때 '4차 산업'이라는 키워드를 반영해야 한다. 우리는 이미 4차 산업시대에 살고 있다. 4차 산업시대를 대비하라는 말은 이제는 옳지 않다. 시대 흐름과 이 시대를 사는 구성원들의 특성을 읽지 못하면 기업문화는 항상 엇박자를 내게 된다. 비록 회사가 전통 제조업을 하고 있더라도 예외가 없어야 할 것이다.

> "기업문화는 기업가가 만들 수 있는 유일하게 지속 가능한 경쟁
> 우위 전략이다."

　마케팅 자동화 솔루션 'Pardot'의 공동창업자 데이비드 커밍스David Cummings가 리더로서 기업문화에 대한 생각을 말했다. 리더는 기업이 경쟁에서 이기기 위한 모든 것을 고민하고 실천한다. 멈추지 않고 계속될 수 있는 기반을 만드는 것 또한 리더의 가장 중요한 임무이다. 기업문화는 기업을 존속하게 해준다. 좋은 기업문화는 심지어 경쟁에서 항상 이기는 힘을 제공한다. 리더는 기업의 힘을 키우고 그 힘을 한 곳에 사용할 수 있게 해야 한다.

8장

이렇게 좋은 회사를
더 좋은 회사로

계획을 수립해서 실행하고, 결과를 검토하는 과정을 달려왔다. 이제 남은 것은 드러난 문제를 조치하고 더 나아지게 개선하는 일이다. 기업의 PDCA 사이클은 개선조치로 마무리된다. 개선은 다음 PDCA 사이클이 이어지게 하는 오메가이자 알파가 된다. 나아가 다음 사이클이 원활하게 작동할 수 있는 원동력이 되므로 매우 중요한 과정이다.

개선은 예술가의 창작과 같아서 무에서 유를 만드는 과정이 되기도 한다. 뼈를 깎아 감동할 수 있는 결과를 만들어야 한다. 과정은 힘들지만, 그 열매는 매우 달다. 개선은 끝이 없다. 개선을 멈추면 문제가 시작된다. 계획, 실천의 오류와 실수를 바로잡고 점검에서 나온 문제를 해결하자. 다시는 실패와 오류를 되풀이하지 않도록 깔끔한 조치를 이루어 기업이 한 단계 더 나아가는 결과를 만들어야 한다.

개선은 호흡이다

누구든지 날마다 더 나아지기를 원한다. 지난달보다 이달이, 작년보다 올해가 더 좋아지기를 바라는 것은 모든 사람이 갖는 소망이다. 가슴 한구석에 담고 있는 소망만으로는 원하는 바를 얻을 수 없다는 사실도 알고 있다. 어제보다 나은 오늘을 살기 위해서는 어제의 실수를 만회하고, 어제와 다른 실행을 해야 한다. 지난해의 문제점과 아쉬운 부분을 보완해서 올해를 다른 모습으로 살아갈 때 더 나은 해가 될 수 있다. 나아지고 변화하면 더 좋은 삶이 가능하다.

이전보다 더 좋아지는 개선이 필요하다. 곪은 상처를 도려내야 새살이 돋는다. 방치된 질병을 치료해서 활력이 돋으면 새로운 삶을 살 수 있다. 다시는 상처가 나지 않고 병에 걸리지 않도록 습관을 바꾸면 건강을 유지하며 살 수 있다. 다른 모습으로 개선이 필요하다. 개선은 이전보다 좋아지는 것이다. 이전의 문제를 조치하고 다시는 같은 문제로 시간과 에너지를 낭비하지 않게 된다. 남은 시간과 에너지를 더 나은 발전을 위해 투자할 수 있다. 개선은 발전을 낳고 발전은 성장으로 이어지는 선순환이 이어진다.

개선은 새가 딱딱한 알을 깨고 나오는 것과 같다. 알을 깨고 나온 어린 새는 어떤 생각이 들까? 아늑한 껍질 안을 벗어나야 하는 두려움이 들까? 알 속의 좁고 답답한 공간을 벗어나 마음껏 움직일 수 있는 자유를 만끽할까? 기업의 비즈니스는 끊임없이 껍데기를 깨는 변화와 개선의 연속이다. 사람은 질병이 커져서 호흡이 멈추면 사망하지만, 기업은 개선이 멈추면 사망에 이른다. 개선은 기업에 생명력을 불어넣는다.

기업의 개선은 모든 인원이 참여할 때 원하는 결과를 얻을 수 있다. 개선은 예전 것을 버리는 과정이다. 누군가는 익숙했던 방식을 내려 놓기 아쉬워 고집을 부리기도 한다. 모두가 개선에 참여한다는 것은 자신과 자신의 업무에 있는 문제를 스스로 발견해서 인정하고 버리는 일을 받아들이는 것이다. 더 나아가 새로운 방식을 적극적으로 찾아내고 받아들이는 자세이다.

개선은 기업이 만드는 선물이다. 선물을 받는 대상은 기업 자신과 고객이다. 개선은 기업을 거쳐 고객에게 전해지는 기분 좋은 선물이다. 선물을 받는 사람과 주는 사람 중 누가 더 행복한가? 선물을 받으면 당연히 기분이 좋지만, 선물을 준비하는 사람도 행복을 느낀다. 받는 즐거움보다 준비하는 행복이 훨씬 크다. 개선을 거쳐 완성된 제품과 서비스를 경험하는 고객은 기분이 좋아지고, 개선을 이뤄 고객에게 기쁨을 주는 기업의 노력은 행복이 된다.

개선은 모든 인원이 참여할 때 실행에 힘이 생기고 그 결과를 낙관할 수 있다. 참여하는 사람과 참여하지 않는 사람을 구분하지 말아야한다. 뒤로 물러서는 직원을 독려해서 앞으로 나설 수 있도록 끌어당기는 노력이 필요하다. 프로세스 개선은 문제를 해결할 수 있는 아이디어를 찾아내는 것이 중요하다. 직원들의 아이디어를 끌어내는 방법으로 '제안제도'를 추천한다. 제안제도란 현업의 직원들이 문제를 찾고 개선할 수 있는 아이디어를 직접 제안하는 제도이다. 한 가지

사안에 대해 여러 의견을 내서 좋은 점만 취할 수 있는 '브레인스토밍'도 좋다. 두 가지 도구는 직원들이 스스로 개선을 끌어내는 동력을 제공하는 장점이 있다.

A사는 임직원이 15명일 때 권유를 받아들여 개선 제안제도를 시작했다. 직원들에게 제도를 설명하고 좋은 아이디어에 대해 포상하겠다는 약속을 했다. 사실 대표이사는 그 효과를 크게 기대하지 않았지만 밑져야 본전이라는 생각을 했다. 처음에는 기대효과가 크지 않은 아이디어에도 일일이 상품권을 지급했다. 작은 아이디어가 업무를 편리하게 하고 품질 문제를 해결하는 일이 생기기 시작했다.

2년째에는 조금 더 수준 높은 아이디어가 나왔다. 회사는 우수한 아이디어에 좀 더 높은 포상을 하고 연말에 우수사원으로 선정해 별도의 포상금도 지급했다. 아이디어가 뜸해지면 일정 기간 포상금을 높이는 이벤트를 열어 직원들의 관심이 식지 않도록 관리했다. 직원들은 금전 보상뿐만 아니라 자신의 의견이 회사가 더 좋아지는 데 공헌했다는 점에 큰 만족을 보였다. 인원이 90명으로 늘어난 지금은 커진 규모만큼 아이디어가 넘치는 회사가 되어 있다.

개선은 구호가 아니다. 실행과 결과로 나타날 때 개선이 완수된다. 누구나 더 잘 되고, 더 좋아지기를 바라지만 실천이 따르지 않으면 헛된 꿈으로 끝나고 만다. 일신우일신日新又日新. 기업은 새로운 실천이 그치지 않아야 한다. 개선이 멈추면 후퇴한다. 후퇴는 경쟁에서 제자리를 지키는 것이 아니라 자리를 잃고 도태되는 것이다.

숨을 쉬듯 개선하라. 사람은 호흡을 멈추면 죽는다. 기업은 자금이 끊어질 때가 아니라 개선이 멈출 때 사망에 이른다. 개선은 기업의 생명을 유지하는 호흡이다. 개선을 이어가면 기업의 생명도 멈추지 않을 것이다.

개선은 어떻게 개악이 되는가

코브라 효과를 아는가? 대영제국이 인도를 지배하던 시절 강한 독을 가진 맹독성 코브라가 사람을 물어 죽이는 일이 빈번했다. 코브라를 퇴치하기 위해 총독부가 한 가지 묘안을 내놓았다. 주민들이 코브라를 잡아오면 포상금을 지급하기로 했다. 시행 초기에는 총독부가 의도한 대로 사람들이 포상금을 바라고 많은 코브라를 잡아왔다. 덕분에 개체 수가 줄어들고 사람들이 코브라에게 피해를 보는 일이 줄어들었다. 코브라를 많이 잡아버리자 포상금을 타는 사람들의 수도 줄어들었다.

그런데 얼마 지나지 않아 포상금을 타가는 사람들이 늘어나기 시작했다. 이를 이상하게 여긴 총독부가 조사해서 원인을 밝혀냈다. 포상금을 타내기 위해 사람들이 코브라를 사육하고 있었다. 코브라를 없애서 사람들의 피해를 줄이려 했던 정책이 이상하게 변질했다. 총독부는 코브라 포상금제를 없앴다. 그 후에 코브라가 다시 늘어나고 피해를 보는 사람들이 많아지기 시작했다. 포상금을 목적으로 사육하던 사람들이 쓸모없어진 코브라를 방생해버린 것이다. 예전보다 코브라가 늘어나서 차라리 포상금제를 안 하느니만 못한 상황이 되어 버렸다. 이후로 어떤 문제를 해결하기 위해 시행한 정책이 오히려 역효과를 가져오는 현상을 '코브라 효과'라 하고 있다.

기업의 비즈니스에서도 기대하는 대로 일이 진행되지 않고 더 악화되는 경우가 생긴다. 도저히 이해하고 넘어갈 수 없는 상황으로 치달을 때도 있다. 신중하지 못한 결정과 행동이 돌이킬 수 없을 정도로 악화한다. 개악은 순간의 실수와 섣부른 판단에서 비롯된다. 개선이 개악으로 마무리되는 것을 경계해야 한다. 누구나 더 좋아지기 위해 시작하지만, 방향을 잘못 잡고 나서면 개악으로 끝나는 때도 있다. 개선을 계획하고 진행하는 과정을 살피고 또 살펴 헛수고로 마무리되지 않도록 하는 것이 무엇보다 중요하다.

개선에 실패하고 개악으로 마무리된 사례를 돌아보면 방향 설정에 문제가 있다. 문제해결만 바라보고 과정을 무시한 결정이 엉뚱한 방향으로 흐르게 한다. 처음에는 그럴듯한 모습이 나타나 옳은 방향으로 가고 있다고 오판하게 만든다. 개선 프로세스를 시작한 후에는 이른 시점에 과정이 예상대로 흐르는지, 예견되는 부작용은 없는지를 검토할 필요가 있다. 개악은 개선과 같은 얼굴을 하고 있을 때가 있다. 내면이 깊숙이 숨겨진 모습을 보지 못하면 선의로 시작한 개선이 큰 해를 주게 된다. 좋은 결과를 만들려는 의도로 시작했을지라도 면밀하게 검토하지 않고 섣부르게 질주하면 피해가 다시 돌아올 수 있다.

앞서 언급한 A사가 시행한 프로세스 개선이 항상 성공한 것은 아니었다. 인원이 15명이었을 때는 대표이사가 모든 인원을 직접 상대하고 관리할 수 있었다. 인원 증가에 따라 새로운 방법이 필요했는데 90명이 될 때까지 다른 방법을 고려하지 않았다. 대표이사 혼자서 감당하기는 버겁게 되었고, 직원들은 의사소통이 원활하지 않아 불만이 갈수록 커졌다. 대표이사는 영업이사를 부사장으로 승진시켜 영업본부장과 생산본부장을 겸하게 했다. 업무 전결권과 예산집행 권한도 주어 업무 효율을 올릴 것이라 기대했다. 현장의 문제와 직원들의 애로사항이 바로 해결될 것으로 내다보았다.

영업과 생산을 모두 책임지게 한 점이 문제가 되었다. 영업에는 탁월한 능력이 있어 대체할 사람이 없었다. 한가한 연초에는 균형 있게 일을 할 수 있어 안정되는 듯 보였다. 봄이 되고 영업 업무를 위해 회사에 상주하는 일이 드물게 되자 문제가 생겼다. 생산본부 직원들은 소통의 창구가 없어졌고, 대표이사는 회사의 상황을 알 수 없게 되었다. 시간이 더 흐르자 문제가 커졌다. 급기야 팀장들이 대표이사에게 직접 요구하는 일이 잦아졌다. 누적된 불만까지 한꺼번에 터졌다. 대표이사는 신제품 개발과 새로운 시장 진출에 집중하던 일을 나중으로 미루어 놓을 수밖에 없었다.

조직을 개편하고서 문제가 터질 때까지 아무런 검토가 없었다. 처음부터 이 사람이 제 역할을 다할 수 있을지, 원하는 결과를 얻기 위해서는 어떤 지원이 있어야 할지에 대한 검토가 없었다. 좋은 의도가 더 나빠지는 상황으로 커지게 되어 안타까움만 더했다.

개선은 꼭 필요하다. 개선을 기대했으나 원하는 결과가 나오지 않으면 아쉽다. 개선을 기대했지만 더 나빠지는 개악으로 마무리되면 최악이다. 시간, 비용, 에너지가 한순간에 물거품이 되어버린다.

아무렇게나 실패하지 마라

혼자 사는 연예인들의 생활을 들여다보는 관찰예능 프로그램에 유명 스타일리스트 한혜연 씨가 나온 적이 있다. 대학에서 학생들에게 강연을 하는데 한 학생이 실수나 아쉬운 점이 생길 때 어떻게 해결하는지 질문했다. 이때 한혜연 씨가 학생들에게 해준 한마디가 오랫동안 머릿속에 남아 있다.

"내 인생에 실패란 없다. 그 실패로 인한 피드백만 있을 뿐이다."

누구나 실수를 하면서 산다. 훌훌 털어버리고 극복하는 사람과 작은 실수에도 무너지는 사람이 있다. 두고두고 곱씹으며 마음에 상처를 내고 사는 사람이 있고 실수를 거울삼아 딛고 뛰어오르는 사람이 있다.

기업 비즈니스 과정은 실수의 연속이다. 전혀 예상하지 못하는 곳에서 어이없는 실수가 나와 허탈한 상황도 생기기 마련이다. 실수할 때마다 낙담하고 쓴소리가 오가면 도전과 열정에 찬물을 끼얹는 상황이 되고 만다. 일부러 실수를 저지르지는 않는다. 잘하려는 과정에서 성급한 일처리가 실수를 유발한다. 실수의 원인을 찾아야 한다. 일이 서툰 사람의 문제인지, 구조적인 문제인지를 살펴야 다시 발생하지 않는 방법을 찾을 수 있다. 사람의 문제이면 교육과 훈련을 통해 사람을 성장시켜 문제를 해결한다. 구조적인 문제라면 시스템과 프로세스 개선으로 재발을 막을 수 있다.

실수는 개선의 기회이다. 대하는 자세에 따라 실수를 실패로 여기며 실망할 수도 있고, 개선으로 한 단계 더 도약할 기회로 삼는다. 한혜연 씨의 말이 딱 들어맞는다. 실수는 돌이킬 수 없는 실패가 아니고 개선할 기회를 알려주는 피드백이다. 사람들은 실수가 드러나는 것을 꺼린다. 실수를 감춰두고 쌓으면 큰 부작용이 되고 사고가 일어난다는 것은 누구나 경험으로 알 수 있다. 실수를 드러내서 다시는 발생하지 않도록 하는 조치가 프로세스 개선으로 이어진다. 실수를 감추지 않고 적극적으로 대할 때 획기적인 개선이 일어난다.

실수를 대하는 자세를 바꾸자. 작은 실수 하나를 큰 사건으로 여기고 호들갑을 떨 것이 아니라 이쯤에서 조치하게 된 것이 다행이라고 받아들이면 마음이 가볍다. 실수에 대해 질책이 앞서면 조치하고 개선하려는 의지가 꺾이게 된다.

> "성공은 절대 실수하지 않는 것이 아니라 같은 실수를 반복하지 않음으로써 얻을 수 있는 것이다."

셰익스피어 이후 가장 위대한 극작가로 평가받는 조지 버나드 쇼

George Bernard Shaw가 남긴 명언이다. 실수를 반복하지 않는 프로세스 개선이 이루어지면 기업은 성공에 이르는 기반을 마련할 수 있다. 실수가 개선을 낳고 개선이 성공으로 이어진다. 개선은 실수가 일어나기 전에 완성하는 것이 가장 좋다. 그러나 실수를 겪고 난 후에는 증상과 원인에 대한 정확한 정보를 바탕으로 더욱 명확한 개선을 할 수 있는 장점이 있다. 실수로 나타난 결과물이 피드백되어 개선의 에너지를 제공한다.

피드백feedback은 2차 세계대전 당시 미 공군이 사용하던 군사용어에서 유래했다. 적진에 폭탄을 투하하기 위해 조종사가 항로를 유지하거나 조정할 수 있도록 정보를 제공할 때 '피드백'이라는 용어를 사용했다. 이후로 여러 분야에서 출력output이 다시 입력input되어 행동이나 과정을 교정하는 의미로 사용되고 있다. 실수라는 출력이 프로세스에 입력되면 개선으로 이어진다. 실수가 출력으로만 그치면 입력이 가진 가치를 얻을 수 없다. 실수가 개선을 끌어낼 때 의미 있는 피드백이 될 수 있다.

실수를 반기는 사람은 없다. 실수를 반복하는 것을 방치하는 사람도 용납할 수 없다. 기업에서 실수를 경험한 후 낙담해서 포기하는 것은 가장 어리석은 짓이다. 실수의 피드백이 공급되지 않아 개선의 연결고리가 막히는 것이다. 실수를 실패가 아닌 피드백으로 이해할 때 개선으로 연결된다. 실수는 실패가 아니다. 실수는 기업이 개선을 이룰 수 있는 에너지를 무한히 공급하는 피드백이다.

최선의 방책

아이들이 어릴 적 아기수첩을 들고 소아청소년과에 가서 여러 가지 예방접종을 했다. 초등학교에 입학하기 전까지 때를 놓치지 않고 부모의 의무를 다했다. 울며불며 주사를 맞기 싫어하는 것이 아이들의 본성이지만, 우리 아이들은 말을 하기 시작할 때부터 주사를 무서워하지 않았다. 주사를 놓아주는 간호사도, 데리고 다니는 부모도, 주사를 맞아야 하는 아이들 모두 힘들지 않았다. 무엇보다도 예방접종을 빠뜨리지 않은 덕분에 아이들이 큰 병치레 없이 자랄 수 있었다. 질병을 예방하고 건강을 유지할 수 있게 해주어 인류의 축복으로 평가받는 예방주사가 우리 아이들의 건강을 선물했다.

주사만 질병을 예방하는 것은 아니다. 생활습관과 음식을 바꾸는 것으로도 질병을 예방할 수 있다. 병에 걸리고 나서 병원을 찾는 것보다 병에 걸리기 전에 예방하는 것이 훨씬 건강하게 사는 모습이다. 병에 걸릴 수 있는 잘못된 습관이 있다면 과감하게 버리는 것이 건강을 위한 비결이다. 예방이 치료보다 낫다.

기업 비즈니스에서도 치료보다 예방이 중요하다. 실수와 실패를 경험한 후 마련한 개선은 큰 비용과 시간을 소모한다. 실수를 경험하기 전에 미리 예방하는 편이 훨씬 좋다. 예방조치는 문제가 될 만한 상황을 미리 없애거나 고치는 것이다. 때로는 반대에 부딪힐 수 있다. 지금까지 아무 문제가 없었는데 굳이 해야 하느냐는 불만이 쏟아지기도 한다. 혹시 이렇게 했을 때 오히려 역효과가 나오지 않을까 하는 우려에 주저하는 경우도 있다. 문제를 안고 있고, 지금이 예방조치의 적기라고 판단되면 과감히 결단해야 효과가 있다.

자료를 바탕으로 부적합이 발생하기 전에 조치하면 예방 효과가 높다. 예방을 위해서는 검사, 검토, 모니터링 결과와 데이터를 분석한 자료를 활용한다. 데이터는 과학적으로 집근해서 효과적인 조처를 내릴 수 있는 길을 안내한다. 7장에서 데이터의 중요성을 언급한 이유가 여기에 있다.

생산설비와 주요 장비야말로 예방이 최선이다. 고장이 나서 멈추면 시간과 비용 손실이 막대하다. 미리 점검하고 정기적으로 윤활유를 주입하며 소모품을 교체해서 최상의 상태를 유지해야 한다. 정상 상태를 유지하면 안전사고도 예방할 수 있다.

낭비도 그냥 지나치면 안 된다. 불필요한 지출이 보인다면 줄이거나 없앨 수 있는 대책을 시행한다. 시간의 낭비, 인력의 낭비도 용납할 수 없다. 낭비는 습관과 타성에서 오는 경우가 많아서 새로운 시각으로 보거나 전문가의 조언을 듣고 조치하는 것도 바람직하다.

O사는 회사의 규모가 커지자 더 넓은 부지를 확보해 이전했다. 시설도 넓히고 설비도 확충해서 새롭게 배치했다. 이전하는 과정에서 퇴사와 채용이 많아 인원 변동이 컸다. 경영진은 이전의 모습과 프로세스 그대로 운영하면 문제가 발생할 수 있다는 판단을 내렸다. 각 분야 전문가를 초빙해서 현상을 진단하고 예상되는 문제를 예방하기로 했다. 효율을 높이고 낭비를 없애기 위해 생산 프로세스를 새롭게 구성하고 설비의 배치도 바꾸었다. 안전 전문가에게도 자문을 받아

안전사고 예방을 도모했다. 관리부서는 세무 전문가와 노무사의 조언을 듣고 회사에 필요한 조처를 했다.

회사를 이전한 지 5년이 지났지만 커다란 사고나 위기를 겪지 않고 있다. 매출이 증가하고 재무 상태도 안정을 유지하고 있다. 지금도 전문가의 조언을 적극적으로 듣고 반영한다. 직원들의 지식과 능력을 키워 스스로 움직이는 것이 가장 좋은 예방이라 생각하며 교육에 힘쓰고 있다.

예방은 마음가짐이 중요하다. '지금까지 아무 문제가 없었는데 굳이 이렇게까지 할 필요가 있나?'라는 생각은 절대 금물이다. 중소기업은 조직이 작아서 의사결정과 실천이 빠르다는 장점이 있다. 이 장점을 살려 예방 활동에 최선을 다한다면 문제가 생기고 개선에 들어가는 시간과 비용을 아끼면서 큰 효과를 낼 수 있다.

> "모든 일에 예방이 최선의 방책이다. 없애야 할 것은 조그마할 때 미리 없애도록 하라."

기원전 6세기경 중국 제자백가 가운데 한 사람이며 도가道家의 창시자인 노자의 말씀이다. 기업이 예방조치를 하는 기본을 오래전 성현이 지금 시대에 알려주고 있다. 문제가 되기 전에 미리 조치하면 최선의 결과를 기대할 수 있다. 기업은 개선을 멈추지 않아야 한다. 사후에 조치하는 개선보다 사고가 일어나기 전에 예방으로 개선을 이루는 것이 더 좋은 결과를 낸다. 예방만큼 좋은 처방이 없다.

END, AND

어릴 적에는 형들이 자전거 타는 모습이 신기했다. 바퀴가 두 개뿐인데 넘어지지 않고 잘 굴러간다는 점이 이해되지 않았다. 호기심으로 큰 자전거에 올라타면 서 있을 수가 없어 금방 넘어져버렸다. 잠깐이라도 서 있을 수가 없는데 넘어지지 않고 계속 굴러가는 모습은 어린아이 눈에는 동경의 대상이며 감히 넘을 수 없는 벽이기도 했다. 자전거는 멈추면 넘어진다. 바퀴가 굴러야만 넘어지지 않는다. 굴러가지 않는 자전거는 넘어질 일을 염려해야 한다. 바퀴는 땅을 밟으며 나아간다. 자전거 바퀴가 앞으로 나가지 않으면 멈추게 되고, 멈춰버린 자전거는 넘어진다. 바퀴는 새 땅을 밟으며 굴러야 자전거를 앞으로 가게 할 수 있다.

기업의 비즈니스는 자전거와 같다. 열심히 페달을 밟아 앞으로 나아가지 않으면 넘어질까 걱정해야 하는 운명이기 때문이다. 기업 비즈니스에 휴식은 없다. 언덕길 앞에서 겁을 먹고 멈추면 오르기 어렵다. 달려오던 속도를 이용하면 언덕에 오르기 쉽다. 자전거 바퀴는 기업 비즈니스의 프로세스와 같다. 바퀴가 회전하며 자전거가 나아가듯 기업의 프로세스는 멈추지 않아야 비즈니스가 지속한다. 바퀴가 새 땅을 밟으며 구르는 것처럼 기업의 프로세스는 새로운 실천을 멈추지 않고 나아가야 한다. 새로운 실천은 개선이다. 멈추지 않고 구르는 자전거처럼 기업은 프로세스 개선을 멈추지 않고 지속해야 한다.

ISO의 경영시스템에서 가장 마지막에 있는 내용이 '지속적 개선'이다. 기업이 성과를 올리기 위해 시스템을 지속해서 개선할 것을 요구한다. 개선은 혁신으로 이어져야 한다. 개선에 개선을 더해도 부족하고 아쉬울 때가 있다. 좋아지고 있지만 완벽하게 새로운 모습을 만들어내지 못할 때 개선을 뛰어넘는 혁신이 따라야 할 것이다. 자전거를 힘차게 굴러 언덕을 오르면 아래에서 보지 못했던 새로운 들이 나타난다. 개선은 자전거가 새 땅을 계속 밟아나가는 것이고, 혁신은 자전거를 힘차게 굴러 더 높은 곳으로 올라가는 것이다. 이전에 경험하지 못한 새로운 환경을 만들어내는 것이 혁신이다.

스티브 잡스는 이른 나이로 세상을 떠나기 전까지 스마트폰의 기능과 기술 혁신에 시간과 노력을 쏟아부었다. 그런 그가 한 가지 고집한 점은 스마트폰의 크기였다. 디자인, 휴대성, 편의성을 고려했을 때 가장 최적의 크기에 관한 철학을 유훈처럼 남기고 떠났다. 잡스의 뒤를 이어 애플의 최고경영자가 된 팀 쿡은 혁신에 능통한 사람은 아니라는 평가가 지배적이었다. 그는 잡스의 유훈과 같은 스마트폰의 크기를 큰 화면으로 바꾸는 혁신을 실행했다. 잡스의 우려와 다르게 화면이 커진 스마트폰은 사람들로부터 크게 호응을 얻었다.

혁신가의 혁신에 대해 혁신가가 아닌 사람이 혁신을 옷 입혔다. 그런데 시장은 새로운 혁신에 열광한다. 혁신은 누군가의 전유물이 아니다. 지나간 혁신은 혁신이 대상이 될 뿐이며, 절대 변할 수 없는 혁신이란 없다. 개선과 혁신은 따로 존재하지 않고 동행하는 가치이다. 개선이 없이 혁신은 이룰 수 없고, 혁신은 한 단계 높은 개선을 이룰 수 있는 기반이 된다. 개선과 혁신은 기업이 성장하며 나아갈 수 있도록 살아 움직이게 하는 원동력이 된다.

PDCA 사이클의 마지막 과정은 개선이다. 개선은 마무리가 아니라 새로운 시작이라는 사실을 다시 강조하고 싶다. 개선은 계획, 실행, 검토를 마무리하며 동시에 다음 사이클의 계획을 끌어내는 기능을 한다. 개선은 사이클이 끊임없이 이어질 수 있게 하는 마지막이자 처음이다. 개선은 멈추지 않고 지속해야 한다.

세상에는 END와 AND가 있다. END는 끝맺음이다. 더는 이어지는 내용이 없다. 스펠링 하나를 바꾸면 AND가 된다. AND는 앞 문장을 이어받아 내용을 더한다. 끝나지 않고 새로움이 더해진다. 개선과 혁신은 END가 아닌 AND이다. 끝이 아니라 계속 이어져야 한다. '마쳤다'가 아니라 '그리고 새롭게'이다. 개선과 혁신의 END는 없다. AND로 이어갈 뿐이다.

리더십 비즈니스 코드 14 날이 선 칼을 가지고 싸워라

전쟁에서 이기기 위해서는 많은 준비가 필요하다. 아무리 유능한 장수나 부대라도 준비 없이 맨몸으로는 전쟁에서 이길 수 없다. 전장에 나갈 수도 없다. 오히려 몸을 움츠리고 숨어 있는 편이 피해를 줄일 것이다. 준비가 되지 않은 군대는 오합지졸에 불과하다. 까마귀 떼처럼 모여 있을 뿐 아무런 힘과 질서가 없다. 전쟁에서 단 한 뼘의 땅도 얻지 못할 것이다. 싸울 수 있는 부대를 만들어야 한다. 싸울 무기가 충분해야 한다. 무기가 있어야 군사들이 훈련할 수 있고 전쟁에서 작전을 펼칠 수 있다. 싸움에 유리한 진지를 구축하고 장애물을 걷어야 한다. 모든 것이 준비되었을 때 작전을 세우고, 작전대로 싸울 수 있다.

리더는 전쟁을 준비해서 승리해야 하는 장수와 같다. 무기를 준비하듯 비즈니스와 프로세스에 맞는 설비, 장비, 시설을 갖추어야 한다. 장수가 군사를 훈련시키듯 임직원들이 제 역할을 다할 수 있도록 교육과 훈련을 지속해야 한다. 군사작전을 펼치듯 프로세스를 실행하도록 전체를 지휘해야 한다.

ISO 9001 품질경영시스템은 프로세스 운용과 적합한 제품 생산 및 서비스 공급을 위해 필요한 기반구조를 요구하고 있다. 기반구조는 건물, 유틸리티, 장비, 운송자원, 정보통신 기술 등을 포함한다. 기업이 비즈니스를 위해 필요한 유형의 조건을 갖추는 것이다. 전쟁을 위해 성능이 월등한 무기를 갖추듯 기업은 우수한 기반구조를 갖추어야 한다.

K사는 산업용 플랜지를 생산하는 기업이다. 최신 설비는 아니지만, 플랜지 생산에는 부족함이 없다. 한번은 이 회사를 방문했는데 작업자가 지게차에 플랜지 겨우 몇 개만 싣고 운반하고 있었다. 너무 조금씩 운반하면 업무효율이 떨어지고 시간과 비용이 낭비되는 것이 아닌지 질문했다. 작업자는 마당이 울퉁불퉁해서 잘못하면 쏟아지기 때문에 어쩔 수 없다고 했다.

마당은 비포장이라 곳곳이 움푹 패어 있어 물이 고인 곳도 있었다. 지게차에 많이 싣고 가다가 기우뚱하면 쏟아질 것이 분명했다. 대표이사와 관리자에게 이 문제점과 ISO 9001의 요구사항 내용을 설명했다. 오랫동안 조금씩 천천히 상황이 악화하여 그들은 크게 체감하지 못하고 있었다. 설명을 이해했고 대책을 시행하겠다고 했다. 문제를 해결하기 위해 회사는 당시보다 더 넓은 곳에 건물을 지어 이전했다. 물론 마당 상태에 따른 문제가 이제는 없다.

H사는 해양 인명구조 장비를 생산하는 기업이다. 심사를 위해 방문했는데 사무실에는 인터넷을 사용할 수 있는 컴퓨터가 한 대밖에 없었다. 와이파이도 갖춰져 있지 않아 다른 직원들은 정보를 찾을 때마다 직원에게 양해를 구하고 이용하는 실정이었다. 대표이사는 업무시간에 '딴짓'을 한다는 이유로 인터넷 사용 환경을 확충하는 것을 반대했다. 회사가 성장하고 직원들이 늘어났는데 업무에 필요한 인터넷 환경이 부족한 상황은 상상할 수 없다. 대표이사는 인터넷 사용 환경을 충분하게 증설하기로 약속했다.

M사는 항공 부품을 생산하는 기업이다. 항공 부품은 고가의 특수한 소재를 사용해서 만들어야 한다. 독일에서 수입한 파이프를 도면대로 꺾어서 생산한다. 들어오는 주문이 거의 매번 다른 도면이다. 지금까지 회사는 품질 문제가 일어나지 않고 거래를 잘 해왔다. 하지만 전혀 문제가 없었던 것은 아니다. 생산 과정에서 수작업으로 진행하다가 잘못되어 폐기한 일이 더러 있었다. 대표이사는 과감한 투자를 결정했다. 5억 원을 들여 자동 굴곡 장비를 구매한 것이다. 5억 원은 2년치 순이익에 해당하는 금액이다. 그러나 새로운 장비로 품질 문제를 해결하고 앞으로 사업이 확장될 때를 미리 대비하는 것이 맞다고 판단했다. 고객사에서도 이 점

을 긍정적으로 바라보았고 앞으로 거래를 늘려가도록 하겠다는 의사를 전해왔다.

무기는 장수의 열정을 깨운다. 날카롭게 날이 선 칼로 군사들을 강하게 훈련시킬 수 있다. 전쟁에서도 작전을 과감히 펼쳐 승리를 가져온다. 군대의 무기처럼 기업의 훌륭한 기반구조는 리더와 임직원의 열정을 깨울 것이다. 열정은 치열한 비즈니스 경쟁에서 싸울 수 있는 기본자세가 된다. 리더는 기업을 강하게 만들어야 한다. 기반구조를 갖추자. 날카롭게 날이 선 칼처럼 충분한 기반구조는 강한 기업을 만든다.

대학교 1학년 여름방학 때 운전면허를 취득하려고 학원에 다녔다. 여름 뙤약볕에 에어컨도 작동하지 않는 낡은 트럭에 매일 올랐다. 첫날에는 시동 켜고 1단 기어를 넣어서 앞으로 10미터 정도 갔다가 다시 후진기어를 넣고 제자리에 되돌아오는 연습을 했다. 다음 날부터는 굴절, S자, T자 코스를 연습했다. 자동차의 구조와 원리에 대한 설명 없이 운전면허 시험을 통과하기 위한 공식만 알려주었다. 어깨선과 맞추고, 핸들을 완전히 꺾어서, 앞바퀴가 선에서 30센티미터만 떨어질 정도로…… 이런 식이었다.

우여곡절 끝에 운전면허를 땄다. 면허증을 받았으나 기쁨은 오래가지 않았다. 지금 내가 운전할 수 있을까? 학원에서는 면허시험을 통과하는 것만 알려주었을 뿐 도로에서 운전할 수 있는 능력에는 관심이 없었다. 따로 비용을 들여 도로주행을 연습해야 했다. 반쪽짜리 면허증이라는 생각이 들었다. 그렇지만 운전면허증이 없으면 자동차를 직접 운전할 수도, 도로주행 연습도 할 수 없으니 반드시 따야만 했다. 운전면허는 운전 실력을 늘릴 기회를 제공하는 역할을 했다. 운전면허는 운전에 숙달해서 실력을 높일 수 있는 시작점인 셈이다.

기업 또한 많은 인증을 받는다. 비즈니스를 활발히 하는 기업치고 손님들이 보기 쉬운 곳에 이런 증서 하나쯤 걸어놓지 않은 곳이 없을 것이다. 자격, 면허, 인증 등 이름은 다르지만 내용은 기업의 능력을 심사하고 조건에 충족했다고 공인해주는 것이다. 경영 전반의 능력을 바탕으로 하는 기업인증이 있고, 성능과 품질의 우수성을 바탕으로 하는 제품인증도 있다. 경험에 비추어보면 어떤 인증이든 쉬운 것은 하나도 없다. 인증을 취득하기 위해 검토하고 자격을 갖추기 위해 시간, 노력, 비용이 적지 않게 들어간다. 어렵게 준비해서 인증을 통과하고 인증서를 받아들 때 뿌듯한 그 기분은 맛본 사람만 알 것이다.

이렇게 공을 들여 인증을 취득하고 손을 놓는 경우를 자주 본다. 인증 자체에만 목적이 있고, 인증을 통해 회사가 이루려고 하는 성장은 보지 못하는 상황이다. 심지어 그 인증이 어떤 의미와 가치를 가졌는지 전혀 관심이 없는 경우도 보았다. 운전면허증만 따놓고 장롱 깊숙이 숨겨두면 무슨 소용이 있을까? 직접 운전을 했을 때 실력이 늘어난다. 기업 또한 인증 취득에 비용, 시간, 에너지를 들였을 텐데 대표이사실 책장에 가지런히 전시하는 것으로 그친다. 장롱 깊숙이 숨겨놓지 않고 드러내고 있으니 그 역할을 다하고 있다고 자부할 수 있을까?

기업의 인증은 완성이 아닌 시작이다. 기업이 성장하고 발전할 기회가 열리는 시점이다. 제품이 품질기준을 갖추고 KS 인증을 취득하면 그때부터 품질향상이 시작된다. KS 기준에 맞는 제품의 성능을 유지하고, 기준에 맞게 관리하다 보면 품질향상 기회가 생긴다. 처음 인증 받을 때는 본격적인 생산 전이라 드러나지 않는 문제가 있기 마련인데 KS 기준에 맞게 프로세스를 유지하고 관리하면서 해결할 수 있다. 문제해결이 개선으로 이어지게 된다.

ISO 9001 품질경영시스템 등의 인증을 받은 기업 또한 마찬가지다. 시스템을 만들고, 시스템에 따라 프로세스를 운영해보고 최초 심사 후에 인증을 취득한다. 처음에는 시행착오도 있겠지만 프로세스를 운영하면서 내부심사와 사후심사를 통해 드러나지 않았던 문제를 발견하고 개선하는 과정에서 성장하고 발전할 수 있다. ISO 인증은 기업이 PDCA를 멈추지 않고 실행하는 시스템을 갖추게 되는 시작이다. 비로소 성장을 거듭할 수 있는 기반이 마련된 것이다.

콩을 심으면 가지에 콩깍지가 열린다. 콩 한 알을 심어서 콩 한 알을 얻는 것이 아니다. 가지에 많은 콩깍지가 달리고 그 안에 콩이 여러 개 맺혀 있다. 튼실하고 건강한 콩을 심는 것은 인증을 취득하는 것에 비유된다. 콩을 심고 돌보아서 얻는 콩깍지는 인증을 유지하는 과정에서 얻어지는 1차 열매이다. 기업의 우수성을 인정받고 더 성장하고 발전하기 위한 활동의 기반을 얻는 것이다. 콩깍지 안에 들어 있는 수많은 콩이 우리가 최종적으로 수확하는 열매이다. 인증을 취득하고 기반을 마련했으면 기업의 개선과 발전을 통해 무럭무럭 성장하는 열매를 얻는다. 인증이라는 콩이 개선과 성장이라는 열매를 가져다준다.

인증서가 아닌 시스템이 가져다주는 효과를 바라보아야 한다. 많은 기업이 저렴한 비용으로 인증서라는 종이를 원하는 요구를 하고 있다. 비용을 들여 그렇게 비싼 종이를 살 필요가 있을까? 같은 비용으로 기업 성장의 기반이 되는 시스템을 구매하면 어떨까? 아무리 입

아프게 말해도 필요를 이해하지 못하는 기업을 위해 이 책을 쓰게 되었다. 말로 이해시키지 못한 내용을 글로 다가갈 수 있을지 많이 고민했지만 단 몇몇 사람이라도 받아준다면 더없이 고마울 것이다.

초고를 쓰고 퇴고하는 동안 코로나19 사태를 맞았다. 전 세계 모든 사람이 움츠러들 수밖에 없는 상황에 놓이면서 책 쓰는 일도 잠시 멈춰야 했다. 많은 기업이 어려움을 겪고 있다. 손실이 늘어나고 폐업을 심각하게 고민하는 기업들도 만났다. 정신을 차린 기업은 갑자기 늘어난 시간을 언제가 될지 모르지만 코로나19 사태가 끝난 후를 대비하고 있다. 나 역시 정신을 차렸다. 기업들에 도움이 되고자 시작한 책 쓰기를 멈추면 안 되었다. 마음을 다잡고 완성도를 높여 새롭게 나아가고자 하는 기업들에 한 손을 내미는 심정으로 마무리했다. 책 전체는 아니더라도 어느 한 구절만이라도 어려운 기업에 힘이 되고 싶은 심정이 전달되기를 바란다.

어느 날 뜬금없이 책을 쓴다고 했을 때부터 옆자리를 지켜주고 응원해준 아내와 두 자녀에게 감사와 사랑의 마음을 전한다. 아들이 하는 일을 노심초사하며 묵묵히 지켜보시다 먼저 가신 아버지와 지금도 지켜보고 계시는 어머니에게도 말로는 한 번도 해보지 못한 감사와 사랑을 표한다. 책을 마무리하기까지 조언과 격려를 보내준 책인사의 선장님과 스태프들에게 고마운 마음이 한없이 크다.

비즈니스 코드
포스트 코로나 시대 기업의 조건

1판 1쇄 찍음   2020년 11월 4일
1판 1쇄 펴냄   2020년 11월 11일

지은이   오정훈
펴낸이   조윤규
편집   민기범
디자인   홍민지

펴낸곳   (주)프롬북스
등록   제313-2007-000021호
주소   (07788) 서울특별시 강서구 마곡중앙로 161-17 보타닉파크타워1 612호
전화   영업부 02-3661-7283 / 기획편집부 02-3661-7284 | 팩스 02-3661-7285
이메일   frombooks7@naver.com

ISBN   979-11-88167-37-1 (03320)

이 도서의 국립중앙도서관 출판예정도서목록(CIP)은 서지정보유통지원시스템 홈페이지
(http://seoji.nl.go.kr)와 국가자료공동목록시스템(http://www.nl.go.kr/kolisnet)에서 이
용하실 수 있습니다. (CIP제어번호 : 2020045111)